结果思维赋能

写给管理者的6个锦囊

童伯华◎著

中国铁道出版社有限公司
CHINA RAILWAY PUBLISHING HOUSE CO., LTD.

图书在版编目（CIP）数据

结果思维赋能：写给管理者的6个锦囊/童伯华著．—北京：中国铁道出版社有限公司，2023.11（2023.11重印）
ISBN 978-7-113-30476-8

Ⅰ.①结… Ⅱ.①童… Ⅲ.①企业管理-人事管理 Ⅳ.① F272.92

中国国家版本馆CIP数据核字（2023）第151352号

书　　名：结果思维赋能：写给管理者的6个锦囊
JIEGUO SIWEI FUNENG: XIEGEI GUANLIZHE DE 6 GE JINNANG

作　　者：童伯华

责任编辑：巨　凤　　　编辑部电话：（010）83545974
封面设计：仙　境
责任校对：刘　畅
责任印制：赵星辰

出版发行：中国铁道出版社有限公司（100054，北京市西城区右安门西街8号）
印　　刷：北京联兴盛业印刷股份有限公司
版　　次：2023年11月第1版　2023年11月第2次印刷
开　　本：700 mm×1 000 mm　1/16　印张：15.5　字数：248千
书　　号：ISBN 978-7-113-30476-8
定　　价：69.00元

版权所有　侵权必究

凡购买铁道版图书，如有印制质量问题，请与本社读者服务部联系调换。电话：（010）51873174
打击盗版举报电话：（010）63549461

推荐序

出于对我的信任，伯华校友邀请我为此书写序。

我没有直接教过伯华，但对伯华作为厦门大学管理学院 MBA 优秀校友，在人力资源领域深耕二十余年并取得卓越成就早有耳闻。特别是两年前，其第一本著作《高效员工管理：写给管理者的 6 个锦囊》出版，作为处女作即创下七次加印的佳绩，实属不易。该书也获得管理学院老师们的纷纷夸赞，认为有理论、有见地、有实践、有方法，而且文字通俗易懂，特别接地气。MBA 中心的程文文老师甚至还在他的"人力资源管理"课程中推荐该书作为学生的课外阅读书。

在平日繁忙工作之余，伯华笔耕不辍，不久后便完成了《结果思维赋能：写给管理者的 6 个锦囊》这本书的写作。伯华的这两本针对管理者的锦囊书可以说是其二十几年企业管理实践工作的归纳和总结，既有高度又有深度。我认为这两本书对企业各级管理者具有很大的借鉴意义和实用价值，原因如下：

第一，这两本书全面、系统、清晰地阐述了管理者如何交付结果的方法。它如同一张清晰的地图，指引管理者以最高效的方式抵达目的地。用作者书里的话来说，管理者到达目的地之路就是两条：①管理动作紧抓事；②赋能员工释放人。这两条路上遇到的每处风景，作者都会像导游一样把它介绍得清清楚楚，比如管理动作的八步骤怎么做，比如甄选、培育、赋能、保留四个过程中该怎么办，每个环节的工具与方法在书中都得到了详尽的阐述。当企业管理者案头上拥有这两本管理者的锦囊书时，也就获得一张通往成功（交付结果）的指南。

第二，与市面上的许多管理图书不同，这两本管理者的锦囊书不仅阐述了如何交付结果的"术"（方法与工具），还谈到了管理者认知话题。作者集平时多学科多维度的思考于一书：从管理之学到能量之说，从组织赋能到管理者赋能，从个体认知到管理者必备的逻辑方法，从赋能六角模型到薪心相印员工保留模型，甚至于分享管理者如何获取幸福的三维度，这些都是为了帮助管理者掌握管理的真正之"道"。正如书中所说，"管理学的背后是组织行为学，组织行为学的背后是心理学，心理学的背后是哲学，而哲学的本质是逻辑。"

第三，一本书创作的背后是作者的专业、见识、思想、品格等特质的体现，从这两本管理者的锦囊书里，可以看到丰富的层次、有质感的内容、兼有的宽度与深度，看得出作者作为一名企业高管，平时虽有诸多繁杂事务缠身，但仍能不断勤于阅读，博学且多思，把林林总总的各种知识有机地串联起来并形成自己的体系。一名真正有影响力的管理者不仅管理经验丰富，还善于总结提升并传递其管理思想。今天，在企业里有丰富工作实践并成绩斐然的管理者有许许多多，但能把它总结并系统表述清楚的人寥寥无几，而伯华做到了。

《后汉书·桓谭冯衍列传》里有一句话：天下皆知取之为取，而莫知与之为取。伯华这两本来自实践并有深度思考的管理者锦囊书，相信可以给企业各级管理者带来启发，并从中获得一些行之有效的方法，这其实是人生最大的一种"与之"：给人方法、给人启迪、给人力量。"讲清管理底层逻辑，帮助需要的人是一件有意义的事！"我对书中这一句话，深以为然！当然，在写书过程中，伯华自己的管理理念与认知亦得到升华，从而让自己有机会可以去探索管理世界里更宽广的边界，这也是一种"取"。

作为厦门大学管理学院毕业生的一名优秀代表，相信这两本管理者锦囊书的出版还可以让更多的厦大管院学子们看到一切皆有可能，从而去创造生命中更多的不一样。

我为伯华校友的成绩感到骄傲！

厦门大学管理学院 EMBA 中心主任，博士生导师，李常青教授

2023 年 7 月

自 序

管理者交付结果，是有方法的

（一）

本书是笔者上一本书《高效员工管理：写给管理者的 6 个锦囊》的姊妹篇，也是笔者二十几年管理经验和思考的总结，故可把这两本书称为管理者锦囊系列书。

基于多年对企业管理者的行为观察，笔者发现许多管理者容易把管理理解为一门诡谲甚至无用的学问：上了许多管理课，读了许多管理书，可一到实践中就感觉用不上。加之今天管理培训市场鱼目混珠，许多管理培训师甚至都还没弄清楚管理的全貌，就东施效颦、一斑窥豹，然后夸夸其谈，把学员们弄得似是而非，学员回到工作岗位却又无从下手。久而久之，管理者们在工作中就慢慢又回到了跟着感觉走的状态。

其实管理并没有想象中那么神秘，它具有结构化和线性逻辑特征。在本书中，笔者结合多年对企业管理的观察与研究，发现涉及管理领域的内容几乎可以从两个模型中找到对应的位置。

第一个模型是组织赋能与管理者赋能模型图（见下图）。

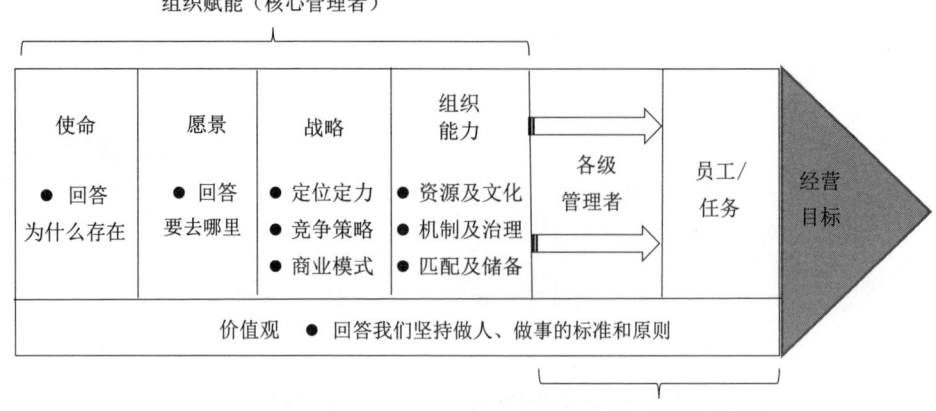

这张图清楚地展示了企业如何从使命出发、规划宏伟的愿景、找准实现愿景的战略、配套实现战略的组织能力、坚守过程中的价值观，最后通过各级管理者落实到每一位员工与每一件任务的过程。

在这个过程中，任何一个环节缺失或者出问题都会影响最后的经营目标。

但我们也会发现，即使使命、愿景、战略、组织能力、价值观都没问题，经营目标也不一定就能落地，中间还需要各级管理者来交付结果。

当公司战略确定后，各级管理者就是关键因素。交付结果，对于管理者而言，天经地义！

而管理者如何交付结果，跨越目标与关键结果之间的鸿沟是有方法的。

这个方法就是第二个模型，如下图所示。

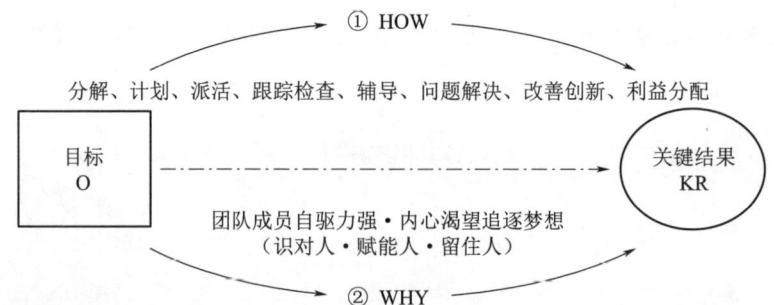

从这个模型中可以看到，管理者交付结果有两种方法：一是"HOW"，管理动作紧抓事；二是"WHY"，赋能员工释放人。

管理者交付结果过程中需要两手抓：一手紧抓事，将事情的方向盘牢牢掌握在自己手中；一手释放人，用善意激发员工的潜力，最终通过团队拿到结果并赢得人心。

如果说我的第一本书《高效员工管理：写给管理者的6个锦囊》是帮助管理者解决WHY的问题，即管理者如何识对人、赋能人、留住人。那么本书则主要帮助管理者解决HOW的问题，即让每一位管理者理解和掌握管理动作的八个步骤。

本书第一章讲述管理者认知思维突破，从管理之学就是能量之说来帮助管理者厘清管理的本质；区分什么是组织赋能和管理者赋能；同时把逻辑学的基础知识引入作为管理者的必备知识。

第二章至第四章，围绕管理者如何分解目标、制订计划、安排任务（派活）、跟踪检查、辅导展开讲解，每一章都会有非常实用的管理模型工具。

第五章重点讲述管理者工作中解决问题的五个步骤以及相应的工具方法。

第六章讲述管理者如何在工作中学会相应的创新方法。

本书的内容尽可能用生动、有趣、接地气的语言来表述，每一个步骤都配以独创的各种模型、有效的工具与表单，简洁实用、通俗易懂，管理者在实践工作中可有效运用，是一本一学就会的实用工具书。

（二）

企业间竞争的本质在于效率竞争，而效率竞争的实质其实是管理水平的竞争！

今天，许多企业的管理还停留在混乱、无序、自以为是的阶段，公司使命、愿景、价值观缺失，战略不清晰，组织结构、制度、流程不清晰、不科学，人岗无法匹配，奖罚机制无法体现出利益分配原则等，这些问题想要解决，都需要企业修炼内功。

然而当前现状是许多企业的管理者，特别是核心管理者热衷于各种道听途说的"大招"，痴迷并追求各种管理流行词，总期望有一件"神器"，可以解决组织的一切问题！

此大谬也，管理不是"时装周"，不必为落伍而焦虑。企业把基本功练好，有了稳固的基石，就足以解决日常工作95%的管理问题。

管理学是一门实践的学科，《孟子·尽心下》曰："尽信书，不如无书"，意思是读书不要拘泥于书本或迷信书本。再好的管理理论与方法只有在实践中检验后才会产生价值，我期望自己的书能给读者们带来一点启发，在工作中运用并获得有效成果。

由于每个人都有认知局限，如书中有不足或疏漏之处，也请读者朋友们提出宝贵的意见和建议，感谢！

童伯华

2023 年 7 月

目录

锦囊 1：管理者认知思维再突破

第一章

- 一、管理之学在某种意义上是能量之说　　2
- 二、交付结果方法 1：绩效飞轮推动实现目标　　7
- 三、交付结果方法 2：员工自驱力强，内心渴望追逐梦想　　14
- 四、组织赋能 1：系统的力量让员工更乐意付出能量（战略）　　18
- 五、组织赋能 2：系统的力量让员工更乐意付出能量（组织能力）　　31
- 六、管理者赋能：像政委一样工作　　43
- 七、个体认知世界的四个层次　　47
- 八、关于逻辑的基础知识　　55
- 九、管理者必备的逻辑方法：区分 & MECE 工具　　59
- 十、管理者必备的逻辑方法：归纳法 & 演绎法　　64
- 十一、幸福的三个维度——写给管理者的话　　69
- 十二、人力资源部门价值再定位　　76

锦囊 2：从任务到目标、计划

第二章

一、接受和明确任务　　　　　　　　　　82

二、目标、目标、目标　　　　　　　　　85

三、OKR 是什么　　　　　　　　　　　91

四、分解目标：面向成果的"树"　　　　93

五、为什么战前参谋部需要制订详细的作战计划　　96

六、计划的类型及三种常见计划工具　　100

七、番外篇：公司预算及业绩如何增长　　103

锦囊 3：派活及沟通的艺术

第三章

一、如何给员工分配目标　　　　　　　110

二、"五角星"模型：给员工派活的利器　　114

三、让派活更加精准、有效　　　　　　116

四、掌握三种沟通技能：表达、聆听、回应　　119

五、工作中常见的四种沟通情形：说服、辩论、谈判、命令　　127

六、区分在沟通中的有效运用　　　　　133

七、管理者必备的三种"公众演讲万能公式"　　138

锦囊 4：跟踪检查就是执行力

第四章

一、再谈执行力：避免"管理者生病、员工吃药"的现象　　144

二、麦当劳、肯德基卫生间故事的启示　　148

三、跟踪检查"五定"原则　　153

四、获取员工工作状态的十种有效方法　　158

五、状态跟踪："两板""两会"的有效运用　　161

六、OJC（在岗辅导）项目实践　　166

七、有效复盘：绩效结果面谈三要点及四步骤　　169

八、为结果买单：放大"五斗米"的价值　　174

锦囊 5：管理者的问题解决力

第五章

一、厘清问题，成功一半　　182

二、摈弃"赌徒"思维，找到关键驱动因素　　185

三、明确问题突破点：5WHY 分析法及帕累托分析法　　191

四、选择解决方案及制订行动计划　　194

五、现场问题分析看板：DMAIC 工具的运用　　197

六、解决问题同时善于"修路"：好流程就是竞争力　　199

七、固化、简化、优化工作流程　　202

锦囊6：创新的秘密

第六章

一、认知是因，创新是果	208
二、创新三步曲：需求、突破、行动	212
三、创新方法1：透过现象看本质——特斯拉电池故事	218
四、创新方法2：重新定义——脱口秀语言背后的底层逻辑	220
五、创新方法3：组合创新——东方甄选的启示	223
六、创新方法4：美第奇效应——来自跨领域及学科的灵感	228
七、启发：学习泰国广告的创新方法	231

后　　记　　　　　　　　　　　234

第一章

锦囊1：管理者认知思维再突破

一、管理之学在某种意义上是能量之说

1. 我们不仅生活在客观世界里，也生活在思想家的构想中

笔者深以为然！一百多年的管理学发展史就是典型的例子，人们大都生活在管理学先贤们的光辉思想下！

本着第一性原理探询事物本质的逻辑，笔者尝试跳出管理学界的思维，跨领域跨学科探讨管理的本质。

2. 西方古典管理理论的一个BUG

在西方古典管理理论中有三位大师：

第一位是弗雷德里克·泰勒，被后人称为"科学管理之父"，代表作为《科学管理原理》，为整座管理学大厦奠定丰厚的基石。

第二位是马克斯·韦伯，是一位社会学家，被誉为"组织理论之父"，代表作为《社会组织和经济组织理论》。

第三位是享利·法约尔，管理过程理论创建者，最早提出了管理过程五大要素：计划、组织、指挥、协调、控制，至今仍决定着管理学的基本走向，代表作为《工业管理与一般管理》。

法约尔在《工业管理与一般管理》中说过，职能和等级序列的发展进程是以一个工头管理15名工人和往上各级均为4:1的比数为基础的。例如15名工人就需要有1名管理人员，60名工人就需要有4个管理人员，而每4个管理人员就需要有1名共同的管理人员，组织就是按这种几何级数发展的。

可仔细一想，就发现里边有小小的BUG（破绽），法约尔并没有回答"为什么15名工人就需要一名管理者"。

我们可以做一个思想实验：如果每位员工都可以在各自岗位上做到（或者接近）

100分，那就不需要15个工人配一名管理者了。如果不需要这样的管理配比，相信今天各公司都可以减少至少一半以上的管理者，而带来的直接结果就是公司当年利润猛增！要知道公司每年的人工成本中，好大一部分是发给各级管理者的！

于是，我们可以将这个问题转化为：为什么大部分员工做不到100分？

关于这个问题，笔者曾翻阅过许多书籍，也曾与大学里管理学院的教授们探讨过，但似乎都没能找到让自己满意的答案，一直到自己从跨学科跨领域里才找到了灵感与答案！

3. 人类进化的启示

在讨论为什么大部分员工做不到100分之前，请允许我花点时间分享人类进化的历程。下面节选了笔者第一本书《高效员工管理：写给管理者的6个锦囊》的相关内容：

人类在数百万年的进化中，从南方古猿、能人、直立人到最后的智人，食物等资源的匮乏占据了人类大部分的历史。匮乏引起的人类基因进化塑造了我们现有的人体器官及其工作模式，也构成了我们今天思维方式的底层逻辑，它们就像电脑预装的软件一样，深深地刻在我们的基因里。

进化是一个漫长、痛苦的过程，在生产力低下、资源匮乏的时代，人类祖先饥寒交迫，住山洞、打猎物、采摘果子，风吹、日晒、雨淋，并且随时可能会受到野兽或者其他部落的攻击，"活下去""把自己的DNA传下去"成为生命唯一的使命。

在食物稀缺的原始社会，每一份由食物转化到身体上的能量都变得异常宝贵。因为在某件事情上消耗过多能量时，就会导致能量不足而无法捕获到猎物，无法采摘到足够的果子，或者当野兽袭击部落时会因能量不足逃脱不了而丧命！

慢慢地，近百万年的进化在人类基因里留下了深层的记忆，那就是：为了活下去，尽可能节约能量，减少能量消耗。

一切都是为了"活下去""把DNA传下去"。

随着生产力的进步，活下去已不需要消耗身体的全部能量，这时人身上多余的能量就会被用于各种有趣的事情上，慢慢地，琴、棋、书、画等休闲娱乐就出现在人类的生活中。

对于每一个个体而言，发自内心愿意做的事情会有不同的选择：有喜欢钓鱼、有人喜欢跳舞、有人喜欢打篮球、有人喜欢旅游、有人喜欢做木工、有人喜欢制作各种精密的锁……这些活动会让人们享受其中的每一秒，并投入大量能量，乐此不疲。

当一个人内心想做某件事时，他是愿意把能量完全投入这件事情中的，在这个过程中他会有高度兴奋又无比充实的感觉，而且能够全神贯注地投入。著名积极心理学家米哈伊·西斯赞特米哈伊就用了一个新词——"心流（Flow）"来描述工作中处于最佳状态的时刻。

总结一下，在人类漫长的进化过程中，每个个体身上的能量基本上只会用于两件事情：

（1）让自己活下去。为了活下去，要尽可能节约能量，减少消耗能量。

（2）做喜欢做的事情。百分百地投入能量并期望做到精益求精。

4. 今天，活下去仍是大多数工作的本质

回到现实生活中，每天早晨，穿戴整齐的员工们会进入各自的公司开始一天的工作，事实上这些人和进化过程的人类并没有什么本质的区别：都是为了谋生，为了活下去！只不过以前是捕猎、摘果子、种植，今天美其名曰叫"上班"。但两者之间的底层逻辑并没有改变：为了活下去，随时随地节约能量，能不消耗能量就尽量不消耗能量（也就是人们常说的能做60分决不做61分）！

至此，管理者们应该明白为什么在日常工作中，明明任务已经安排下去，明明沟通得很清楚，但最终员工交出来的结果却总是不尽人意，总是不能让人放心，仍需要一遍又一遍劳心劳力地跟踪、检查、确认。

原因很简单，大多数人的上班，只是为了活下去，而为了活下去，能不消耗能量就尽量不消耗能量！

这也就很好地回答了法约尔"为什么15个工人就需要一位管理者"的问题。

你看，从人类进化的底层逻辑出发，我们可以发现一百多年来管理学先贤们热烈讨论的管理更深层次的本质其实是：通过各种方式让员工付出更多的能量去交付结果！

而在这个过程中，管理者们其实不是与你的员工战斗，而是与人类近百万年进化过程中基因的底层逻辑战斗！

今天，许多管理学院教授以及培训老师在课程讲解管理的定义时，仍习惯使用"管理是指同别人一起，或通过别人使活动完成得更有成效的过程"，而这个定义其实仅仅只浅谈了管理的表象而已。

读到这里，可能有的读者会问：那企业为什么不去找那些对工作本身就感兴趣，会发自内心愿意做的人来工作呢？这样的员工会自发主动地把事情做到一百分，管都不用管，多轻松呀！

是的。但要知道：在这个社会上，这样的人一方面不好找；另一方面从成本角度来看并不划算。

5. 管理之学在某种意义上就是能量之说

前面我们说过，管理的本质是通过各种方式让员工付出更多的能量去交付结果，而付出更多的能量是分阶段的，主要有两个阶段，如图1-1所示。

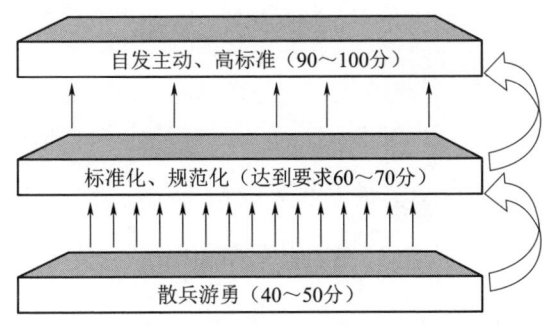

图1-1　员工能量付出过程

第一阶段：员工能量付出由40~50分提到60~70分

一百多年前，泰勒在其代表作《科学管理原理》中这样写道："在整个文明世界里，20个工人里有19个都坚定不移地相信，放慢速度更符合自己的利益。他们坚信，付出尽量少的劳动力换回所得薪酬是最划算的。"

于是，他决定以秒表为武器，详细测量工作的每一个环节，以及每一个环节所需的时间，并确定一种效率最高的工作方式，然后统一采用。

他的实验证明：若按最有效的方式开展工作，一名叫施密特的生铁工一天可以装载 42 吨生铁，通常的工作方式却只能装载 12.5 吨。

科学管理，一个划时代的管理思想由此产生。泰勒的科学管理，用科学化、标准化的管理方法代替原有的经验管理，并尽可能做到分工、标准化、流程的效率最大化！人类开始第一次挑战进化过程中基因的底层逻辑！

一百多年来以科学管理为代表的西方古典管理理论，包括分工、流水线作业、标准化、计划、组织、领导、控制、科层制等，最大的贡献就是：利用等价报酬，把 40~50 分的一群散兵游勇们组织起来做到 60~70 分，让公司的产品/服务能达到客户的需求！

当下，对某些企业而言，当公司各种流程、制度、分工等都还没准备好时，请管理者们先修炼好基本功，千万别动不动就谈 OKR、颠覆式创新这些管理流行词！

第二阶段：员工能量付出由 60~70 分提到 80~90 分，甚至 100 分

科学管理有正面积极的一面，其精髓就是用一整套制度，让员工的行动整齐划一、令行禁止，把组织的效能提高到最大化。

然而，泰勒所处的时代为工业化大生产时代，他的科学管理不可避免地更适用于大量的制造业行业。今天当它继续往前走，大家就会发现，在多元化环境下，不断深化、复杂的知识性工作越来越难于标准化，在今天很多新兴行业里，员工思想上的创造性才是至关重要的。

比如，一个设计师或软件工程师，你让他准点上下班，有什么意义呢？他晚点到或早点走，甚至在家能完成任务，结果是一样的。

如果我们仍用工业时代的思维来管理这些在互联网时代长大的员工，即使他坐在办公室，对着电脑发呆，也一样是不出活儿。

因为员工不是机器、工具。如果在管理者的眼里，员工只是一台会说话的机器，那它就会抑制人的自主性、创造性，无法让员工的绩效最大化。

今天，如何让员工自发主动付出更多的能量，让员工由60~70分做到80~90分甚至100分，对企业而言是重大的挑战！因为只有做到这一点，才能让企业在竞争异常激烈的商业领域里走得更远、实现基业长青！

而要让员工做到80~90分甚至100分，企业里的组织赋能以及管理者赋能缺一不可。

从以上两个阶段让员工付出更多能量来看，管理之学就是能量之说。

6. 管理者要有"动车思维"

为什么高铁动车组比普速火车跑得快？原因非常简单：每节车厢都自带动力！当管理者学会赋能员工，点燃员工激情时，团队就会成为动车组，团队战斗力就真的会"爆棚"！

事实上，无论管理的动作如何，最终落实到员工身上，无一例外都是为了让员工付出更多能量，区别只是从40~50分到60~70分，还是从60~70分到80~90分甚至100分。

当管理者明白这一点时，就可以琢磨最适合自己的招式与方法，把团队带好，交付完美结果！

二、交付结果方法1：绩效飞轮推动实现目标

1. 交付结果的两条路径

交付结果，对于各级管理者而言，天经地义。因为组织设这个岗位的价值就在于此，如果管理者没有做好交付结果的心理准备，那也就别干这个岗位了。

团队最终要交付结果，光靠喊口号是没有用的，什么"努力到无能为力，拼搏

到感动自己"之类的话,发发朋友圈,听听就好。

京东的刘强东曾对其管理者说:"我请你们来,不是想让你们证明我的决策是错误的,而是让你们把我的决策落实到位、执行到位。如果执行中遇到困难,你要主动想出办法,坚决落实到位。"话虽然绝对了些,却也道出公司各级管理者最基本的要求:交付结果。

管理者从接到任务/明确目标到交付结果,中间是有一个过程的,而且这个过程是决定交出成绩"好"与"坏"的关键因素。

这个过程可以分为两个部分:一个是如何做,即我们所说的"HOW";另一个是为什么做,即"WHY",如图1-2所示。

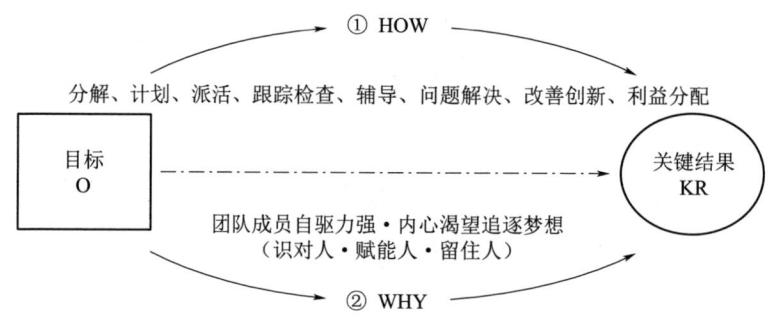

图1-2　管理中交付结果的两个部分

(1)如何做(HOW):说的是管理中"事"的层面,指的是完成事情的具体方法与步骤,包括分解、计划、派活、跟踪检查、辅导、问题解决、改善创新、利益分配这八个步骤。这八个步骤让员工按标准、流程保质保量对应操作,我们也可以将其简称为"管理过程八步骤"。

在这里特别强调一下,在企业里不仅只有基层岗位(比如生产线操作工、门店导购员等)才有标准规定动作。事实上,各级管理者在交付结果的过程中也是有标准规定动作要做的。管理者只有把这些标准规定动作都执行到位了,团队的结果才可能有效地交付。

问题是有多少企业的管理者真的理解和掌握这些管理标准规定动作呢?

第一章 锦囊1：管理者认知思维再突破

（2）为什么做（WHY）：说的是管理中"人"的层面，指如何让团队员工自驱力更强，愿意付出更多的能量，从内心更渴望去追逐目标。关于这部分内容，可参阅笔者的第一本书《高效员工管理：写给管理者的6个锦囊》，书中介绍了如何从定位、甄选、培育、赋能、留用等几个维度赋能员工、激活个体的方法和工具运用。

在交付结果的过程中，如何让"事"与"人"相互影响、相互匹配，这对每一位管理者都是关键的挑战。其中的秘诀就是：把管理八个规定动作做到位，并学会赋能员工、激活个体。也可以叫"管理动作紧抓事、赋能员工释放人"。

而管理者在这个过程的作用是：人在实践中成长，事在人的成长中得以完成，借人成事，借事修人！

2. 绩效飞轮：增强回路要结果

当我们把如何做（HOW）的八个规定动作用一个模型整合起来时，就是我们常常说的绩效管理过程（见图1-3）。这个过程也符合PDCA循环原则，即计划（Plan）、实施（Do）、检查（Check）、改进（Action）。

其中，分解、计划目标、派活是（P），跟踪检查、辅导、问题解决、改善创新是（D/C），回顾、反馈、利益分配是（A）。

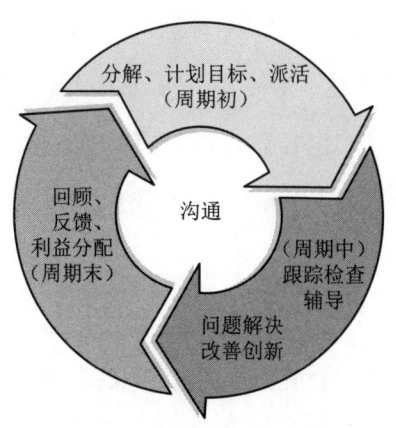

图1-3 绩效飞轮循环图

当把这八个规定动作，用因果连接起来，就构成了一个"回路"（Loop），就像一个轮子的齿轮系统一样，一圈一圈地不断转动，一圈一圈地推动事情往前进行,因此,我将其称为"绩效飞轮"。

要想让"绩效飞轮"转起来,三个步骤就必须环环相扣,缺一不可。在绩效周期一开始,管理者要分解任务、做好计划、派活(确认目标),与员工达成共识;在中期要进行跟踪检查、辅导,进行过程纠偏以及问题解决,并改善创新;在末期要对绩效结果回顾反馈、做好利益分配,肯定成绩、指出不足,并帮助员工制订绩效改进及能力提升计划,以期下一周期做得更好。

在整个过程中,沟通出现在每一个环节,所以沟通要放在绩效飞轮的中间:工作计划、目标确认要与员工沟通;跟踪检查、辅导要与员工沟通;绩效结果面谈、利益分配更要与员工沟通。

绩效飞轮的目的是推动事情有序地进展,管理者不应简单地把它等同于绩效考核。绩效考核只是第三步回顾、反馈、利益分配环节中的一个不能缺失且重要的步骤。如果单纯地将其理解为绩效考核的话,那它就变成了一个简单的奖赏工具。只有将绩效考核整合到绩效管理体系中,才能展现出考核的价值及促进作用。

管理者是绩效飞轮过程的主角与责任人,而公司人力资源部门则是绩效飞轮过程中的秩序维护者以及支持者,确保公司各功能部门按一致标准流程开展,共同促进公司经营目标的实现。所以,诸如"绩效管理是人力资源部门的事""为什么要我填写这些面谈表、目标确认表""这么多杂事,还让不让人做业务了"这些话就不要说了。

当然,公司人力资源部门也要避免照本宣科,躲在象牙塔里制定一堆脱离实际的措施和方案,而是要融入业务,帮助管理者把交付结果的八个规定动作掌握并运用好,真正帮助业务增值。

3. 绩效飞轮第一步:分解、计划目标、派活

当管理者接到任务,就要分解任务、设定目标、做好计划、派活,并与员工沟通确认达成共识。

制定明确的绩效目标,需要遵循 SMART 原则:

- **Specific**:制定的目标是否明确、有挑战;

- Measurable：可否量化评估；
- Achievable：是否合理、可完成；
- Relevant：是否与工作相关；
- Time-limited：有没有时间限制。

对于员工而言，目标设定是有引导性的，管理者给员工什么目标，员工就会朝目标指示的方向走，因为目标结果的完成度会影响员工的奖金及利益。体育界就有一个非常有名的目标设定例子。

——案　　例——

对于各种类型的田径锦标赛而言，如果能打破世界纪录的话，有助于整场赛事的质量，此时破纪录的运动员是能得到一笔现金奖励的。于是当年的撑竿跳高运动员谢尔盖·布勃卡常常以1厘米之差打破世界纪录，而不愿再次冲更高的纪录，这样可以留着下一次再次拿到高额奖励。这样的激励让布勃卡在不同赛事中屡屡创造世界纪录。

管理者要与员工充分沟通达成共识，帮助员工明确本周期的绩效目标是什么。可能管理者在这里会说："目标就在那里，都是公司下达的，也无法更改，愿不愿意都得接受，有什么好沟通的？"是的，在实际工作中，许多企业里的目标是公司设定好的，员工只能被动性接受。但即使是这样，笔者建议管理者不要省略这一动作，在与员工沟通的过程中，让员工了解和认可本周期的绩效目标，这样可以更好地激发员工的自主性。

要知道，工作自主性有一个公式，即工作自主性 = 知情权 × 参与权 × 决策权。

与员工沟通确认目标的意义，就在于让员工有知情权和参与权，这样员工工作起来才会愿意付出更多的能量，才有可能更好地交付结果。

4. 绩效飞轮第二步：跟踪检查、辅导、问题解决、改善创新

员工明确了自己的目标，管理者是不是就可以去度假，等着绩效周期结束时来收取结果就可以了呢？

还真不行，管理者还需在过程中不断做跟踪检查、解决问题、改善创新，同时还需要针对不同情景给员工不同的辅导，帮助员工解决能力以及意愿的问题。关于如何辅导员工这部分内容，读者朋友们可参考笔者的第一本书《高效员工管理：写给管理者的 6 个锦囊》，书中介绍了四种辅导员工的有效方法和工具，分别是：言传身教三步法、正向肯定 BET 法、问题纠正四步骤和帮助员工成长 GROW 模型。

IBM 前董事长及 CEO 郭士纳曾说过："许多管理者并不知晓，其实人们只会去做你所检查的事，而不是你所希望他们做的事。"要知道，跟踪检查就是一种执行力！

5. 绩效飞轮第三步：回顾、反馈、利益分配

到绩效周期结束时，管理者要对员工的绩效结果进行回顾反馈，肯定成绩，改进不足，并做好利益分配，帮助员工制订能力提升或绩效改进计划，以期下一周期做得更好。

肯定成绩：管理者要把绩效周期一开始的"丑话"（对应目标的激励、奖罚制度及措施）兑现。

一般来说，月度/季度周期绩效结果影响的是员工奖金；年度绩效周期结果影响的是员工年终奖、来年的调薪以及晋升机会。

利益分配：要做到奖罚分明，奖要奖得心花怒放，罚要罚得胆战心惊，只有这样，绩效管理的效果才会真正发挥出来。如同前面内容所讲，薪水是员工付出劳动应该得到的报酬，在等价交换的前提下，员工会由 40~50 分的能量付出提升至 60~70 分，以达到产品或服务的要求。

因此，管理者切记，千万别事先什么都不说，等到秋后才算总账。这样，只会失信于员工，不利于团队长期持续发展。

肯定成绩是针对员工过去已发生的行为，改进不足则是针对员工未来的行为，这也是绩效反馈的重点。通过绩效结果反馈，帮助员工制订能力提升或绩效改进计划，以期下一周期做得更好，从而增强团队的战斗力！

关于回顾、反馈、利益分配的更多内容可以参阅本书第四章内容。

6. 绩效考核不是达成业务目标的唯一方式

今天，许多公司为了完成公司的战略目标，保证战略执行的效果，各级管理者似乎对绩效管理过程的绩效考核尤其热爱，甚至达到了"狂热"的地步，动不动就要对员工进行考核，将绩效考核视为绩效管理的唯一抓手，不考核就没有安全感，不考核就无法识别出优秀的员工，不考核事情就没人重视，不考核员工就没有动力。然而，往往这种事无巨细的考核会导致"绩效过度"。

许多年前，有一篇文章叫《绩效主义毁了索尼》，文章的作者表达了对于索尼过度关注绩效考核的几个负面观点：

（1）公司员工原有的忘我工作激情没有了，当年作者自己参与开发CD技术时，公司同事们那种不知疲倦、全身心投入开发的工作干劲与精神不见了。

（2）公司员工原有的挑战精神消失了，随着索尼公司从1995年左右开始逐渐实行绩效考核，成立了专门机构，制定了非常详细的评价标准，并根据对每个人的评价确定报酬。作者谈道，随着"你努力干我就给你加工资"这种价值观深入人心，那种以工作为乐趣的员工在激情上就会受到抑制或慢慢消失，员工逐渐失去工作热情，原有工作中的挑战精神也就消失了。

（3）公司员工原有的团队精神不见了，管理者对于团队成员一切都看指标、用"评价的目光"审视员工，造成员工们都极力逃避责任，开始只扫自家门前雪。

真的是绩效考核的错吗？回到图1-2管理中交付结果的两个过程以及图1-3的绩效飞轮图，我们就会发现：

第一，绩效考核只是绩效管理的一个过程，不要把绩效管理等同于绩效考核，绩效管理的过程其实是整个如何做（HOW）的过程，八个规定动作缺一不可。

第二，要想交付结果，光靠如何做（HOW）是远远不够的，组织以及各级团队管理者还需要思考如何可以让团队自驱力变得更强，内心渴望去追逐目标或梦想，解决员工为什么（WHY）要做的问题。

问渠哪得清如许，为有源头活水来。管理者唯有把如何做（HOW）以及为什么做（WHY）都解决好，团队的结果交付才不会是无源之水。

三、交付结果方法2：员工自驱力强，内心渴望追逐梦想

1. 千金难买"我愿意"

前面我们说过，人们只会把能量用于以下两种情况：

（1）活下去，即"等价交换"，付出劳动获得对应的报酬。可为了活下去，人类基因的底层逻辑是：随时随地节约能量，能不消耗能量就尽量不消耗能量。

（2）做发自内心愿意做的事情，即"我愿意"，百分百地投入能量并期望做到精益求精。

不管在什么场景中，这两种情况都存在，比如：

• 商业领域：显性或隐性"等价交换"。

• 婚姻：有媒妁之言所谓门当户对的"等价交换"，也有自由恋爱的"你情我愿"，抑或两者皆有。

• 工作：有为活下去得到报酬的"等价交换"，也有发自内心的"我愿意"，抑或两者皆有。

• 人际关系：有些是基于对等实力的价值"等价交换"（所以在自己没有足够实力之前，不要沉迷于无谓的社交），也有基于各种情感的"我愿意"，抑或两者皆有。

而绩效飞轮的本质就是以员工付出劳动应得的等价报酬为交换条件，通过八个规定动作，让员工愿意付出更多的能量以达到公司产品与服务的标准化、规范化。

要知道，意愿是员工行动的开关！只有员工发自内心，才愿意付出更多的能量，

才会把事情做到完美,达到 80~90 分,甚至 100 分,而不会在意自己的"加班费"。

苹果创始人乔布斯有句经典语录:"成就一番伟业的唯一途径就是热爱自己的事业。如果你还没能找到自己热爱的事业,继续寻找,不要放弃。跟随自己的心,总有一天你会找到的。"

——案　　例——

查尔斯·施瓦布是美国著名的企业家。

他管理的区域内有个工厂总是完不成定额,换了好几任厂长,也没有效果,施瓦布决定亲自处理这件事情。

他问厂长:"你怎么把工厂搞成这样子?"

厂长也很委屈:"能用的办法我都用尽了,我劝说过工人们,也骂过他们,连开除威胁都用上了还是没效果!"

施瓦布叹了口气:"那你带我到工厂里看看吧。"

(此刻正值白班工人下班,夜班工人接岗的时候。)

施瓦布问一名工人:"你们今天一共炼了几炉钢?"

"6炉。"

施瓦布在一块小黑板上写了一个"6"字,然后就回去了。

夜班工人上班后,看到黑板上出现了一个"6"字,就十分好奇,忙问门卫是什么意思。

门卫说:"施瓦布今天来过这里。他问白班工人炼了多少炉钢。工人说炼了6炉,他便写了一个6字。"

白班工人上班时,都看到了"6"字被改写成了"7"。一名工人大声说道:"难道夜班工人比我们强吗?"当他们晚上交班时,黑板上的"7"换成了一个巨大的"10"。

就这样,两班工人竞争起来,产量很快就超过了其他厂。

2. 组织赋能 & 管理者赋能

赋能,即赋予能力或能量。它最早出现在积极心理学中,旨在通过言行、态度、环境的改变给予他人提升能力和能量,以最大限度地发挥个人才能和潜力。

英文里有两个单词的意思与之最接近,一个是 Enable,使能够,提供做……的权利;另一个是 Empower,授权,给予……权力,给予……力量,使有能力(实现……)。

赋能员工,就是让员工有能力,同时也使员工充满能量向前行!如何让员工做到"我愿意",付出更多的能量,从公司治理的逻辑来看,可以从两个层面出发(见图1-4):

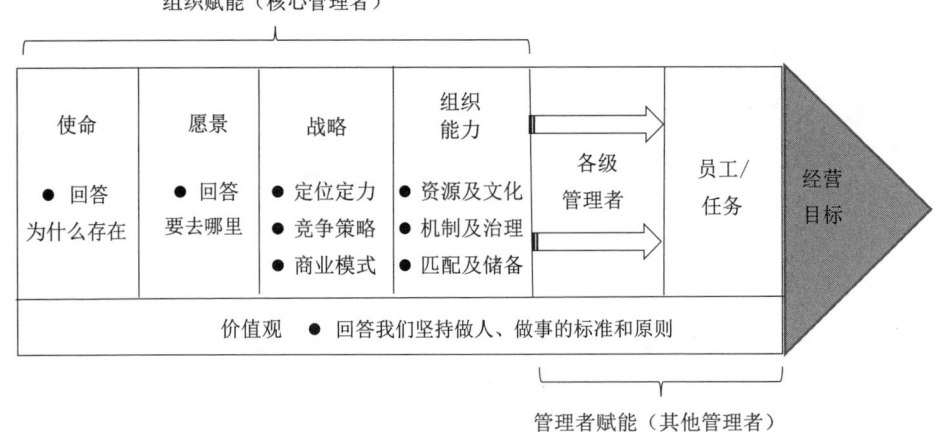

图 1-4 组织赋能与管理者赋能模型图

第一个层面:与公司核心管理者有关,主要由公司总裁/CEO 以及核心管理层来完成,从使命、愿景、价值观、战略、组织能力出发,以系统的力量让员工更乐意付出能量,我们称之为组织赋能。

在 VUCA 时代,组织赋能正成为各公司迎接各种新挑战的一把利刃。阿里巴巴执行副总裁曾鸣教授在为《重新定义公司》撰写的序中提道:"未来组织最重要的职能是赋能,而不再是管理或激励。"

第二个层面:与每天直接面对员工的中基层管理者有关,这些管理者在日常

第一章 锦囊1：管理者认知思维再突破

工作中如何激活个体，让员工更乐意付出能量去完成任务，我们称之为管理者赋能。

在笔者的第一本书中曾谈到过管理者的角色：一半是团长，一半是政委。

- 团长的角色，就是如何利用现有的各种资源，完成上级交付的任务，即前面说的如何做（HOW）。

- 政委的角色，就是如何解决员工思想动力的问题，让员工愿意付出更多的能量去追逐目标，即前面说的为什么做（WHY）。

以笔者多年的一线观察，管理者们作为团长的决心和具备的能力在大多情况下不用担心，相反他们作为政委的意识和采用的方法倒是很让人担心。

他们之所以会被提升为管理者，与他们在自己领域有很强的能力有很大关系。但其中，大部分管理者缺乏政委这个角色的意识，对于"做员工思想工作"有点排斥，且方法不当。

其实"做思想工作"无所谓好与坏，关键是如何结合新需求、新特点，让"做思想工作"的方法更有效！这里举个例子。

——案　　例——

体育竞技赛场里的好教练们都是又能当团长，又会当政委。

教练会按照规定的流程和方法刻苦训练运动员，让运动员甚至形成肌肉记忆，只要上赛场比赛，至少都能按规范和标准完成比赛动作和任务。同时教练也会想方设法随时激励运动员力求最佳表现，让运动员们有内在动力去设定、挑战和实现更高的目标。

2021年东京奥运会上，32岁的苏炳添跑出个人百米最好成绩九秒八三，同时创历史纪录地进入奥运会百米决赛，这样的结果不仅仅是因为教练平时训练方法科学有效、苏炳添自己坚强刻苦训练，更重要的是教练会激励苏炳添去挑战"亚洲黄种人第一个进入百米决赛的运动员"的梦想，从而激发出更大的能量。

所以，管理者要交出好的结果，还需从如何做（HOW）和为什么做（WHY）

这两个方面多找原因。

四、组织赋能 1：系统的力量让员工更乐意付出能量（战略）

1. 一张图呈现出使命、愿景、价值观、战略、组织能力的关系

前面我们提到组织赋能，是以系统的力量让员工更乐意付出能量。那什么是系统的力量？从公司治理的逻辑来看，主要指的是公司使命、愿景、价值观、战略、组织能力这几个方面。

为帮助管理者更容易理解，下面用一张图来具体呈现它们之间的关系（见图1-5）。

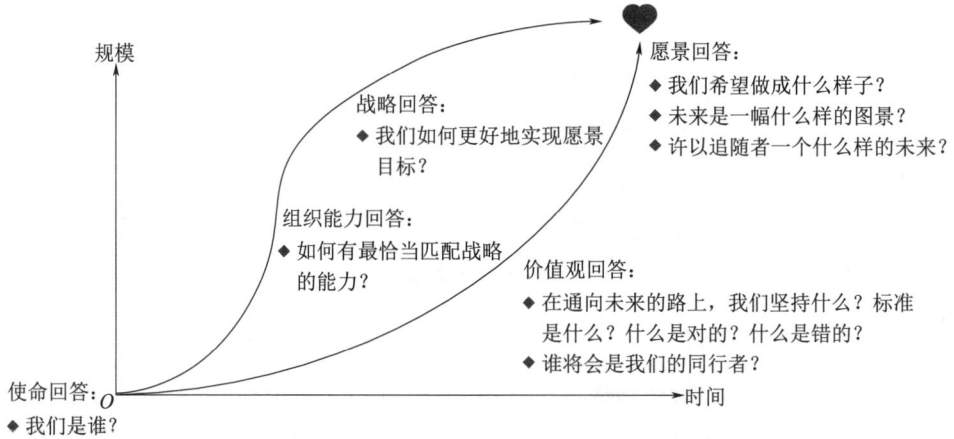

图1-5 使命、愿景、战略、组织能力的关系

使命、愿景是一切的原点与终点，它相当于哲学的终极三大问题：我是谁？从哪里来？要到哪里去？（这三大问题，最早是由古希腊伟大的思想家、哲学家柏拉图提出。）

（1）使命。其回答的是"我们是谁""我们为什么存在"，或者是"做什么事业可以让我们足慰此生"。它是一个组织为他人、社会创造特定价值的宣言。

第一章 锦囊1：管理者认知思维再突破

事实上，存在的每一个组织都应该有自己的使命，这样才能够着力去"做正确的事"；这样才能够竖起大旗，感召员工、股东及利益相关者，形成事业共同体；这样才能鼓舞人心，凝聚能量与士气，让员工清晰地知道自己的方向，愿意为组织去奉献，共同去追逐远大的梦想。

那些高瞻远瞩的公司高层总在思考："明天怎么做能比今天更好？"并且通过这个问题及回答来决定自己思考和行动的方式。

党的十九大报告指出，"中国共产党人的初心和使命，就是为中国人民谋幸福，为中华民族谋复兴。"

作为公司的组织也在回答自己的使命：

- 腾讯：用户为本、科技向善；
- 百度：用科技让复杂的世界更简单；
- 阿里巴巴：让天下没有难做的生意；
- 麦肯锡：让政府和企业更成功；
- 迪斯尼：我们使人们更加快乐；
- 特斯拉：加速全球向可持续能源的转变；
- 星巴克：激发并孕育人文精神，每人、每杯、每个社区。

——案　例——

已故著名商业领袖，前通用电气CEO杰克·韦尔奇在其书《商业的本质》里曾讲了一个关于使命的故事。

荷兰的VNU集团大家现在听起来都非常陌生，但是它有另外一个名字你肯定知道，VNU集团曾是一家没落的数据公司，它有一个使命叫作"我们是市场资讯的领导者"，可当时公司经营越来越困难，并且人心涣散，大家都在等待破产的那一天。此时公司换了一个CEO，叫戴夫。

戴夫来到VNU集团以后，他发现当时他们的品牌和产品非常杂乱，于是他决心要构思一个更重要的使命，并且在这个使命下重新引领公司前行。

戴夫和他的团队于是把VNU这个名字改掉，换成他们曾经拥有过的一个品牌，叫作尼尔森。是的，就是大家今天熟知的尼尔森集团，并且重塑尼尔森集团的使命为"洞察全球消费者的消费行为习惯，并且知道他们的审美视角，做到世界最佳水平。"

今天，尼尔森是全球领先的市场研究、资讯和分析服务的提供者，服务对象包括消费产品和服务行业，以及政府和社会机构，在全球100多个国家里有超过9 000的客户。

（2）愿景。其回答的是"我们希望做成什么样子""未来是一幅什么样的图景"，或者是"许以追随者一个什么样的未来"。它是指组织未来期望达到的一种状态，是组织需要花几年甚至十几年来实现的远大目标或追求。

《中共中央关于制定国民经济和社会发展第十四个五年规划和2035年远景目标的建议》中描绘出，到2035年基本实现社会主义现代化远景目标！这就是一个国家的愿景！

而作为公司的组织也同样要回答这一问题，比如：

• 华为：聚焦客户关注的挑战和压力，提供有竞争力的通信解决方案和服务，持续为客户创造最大价值；

• 百度：成为最懂用户，并能帮助人们成长的全球顶级高科技公司；

• 阿里巴巴：成为一家活102年的好公司，到2036年，服务20亿消费者，创造1亿就业机会，帮助1 000万家中小企业盈利；

• 苹果：成长为全球企业领袖；

• 星巴克：创造灵感启发的一瞬间。

使命和愿景可以激发人们的斗志，因为它解决组织里每个个体"为何而战"的问题。

——案　　例——

德国默克集团是世界上历史最悠久的家族性医药化工企业，创建于1668年，总部位于德国达姆施塔特市，该集团主要致力于研发创新型制药、探索生命科学以及前沿功能材料技术。其公司使命是"我们致力于解决生命科学领域棘手的问题，使研究和生产更快速、更安全"。其雇主价值主张（EVP）为"为自己是通过开发新药品改善人们健康、挽救人们生命中的一员而自豪"！员工除了拿到付出劳动应该得到的薪酬外（等价交换），还在为"改进人们健康、挽救人们生命"而努力！

当大家为同一目标努力奋斗时，就能激发出强大的工作热情与集体的力量，形成归属感和彼此认同感，而在这个过程中，团队成员之间也能互相帮助，团结协作。

（3）价值观。其是指在通向未来的路上每个人所坚持的做人、做事的标准和原则。或者说在通向未来的路上，一群人以什么样的方式共事。举个大家都熟悉的例子：

我国中药行业著名的老字号北京同仁堂有两条传承了三百多年的堂训，叫作"品味虽贵必不敢减物力，炮制虽繁必不敢省人工"。这就是同仁堂做人、做事的标准和原则，也是同仁堂的核心价值观。

价值观最大的价值就是企业在确定决策优先级别时所遵循的标准。

（4）战略。其是指实现愿景的方法与手段。前面我们说过，使命、愿景是组织里一切的原点与终点，价值观则是做人、做事的标准和原则。但是如果不能对"如何到那里去"做出回答，那么组织里写得再好的使命、愿景、价值观都是空想、空谈！

商业领域里有这么一句话：战略管理解决的是企业利润从哪里来的问题，运营管理解决的是企业利润最大化的问题。

竞争战略大师迈克尔·波特提出，战略是一种选择和取舍（做什么和不做什么），在这个思想指引下，企业得知道在什么领域下自己的优势资源才能发挥出来，自己的产品该进入哪些市场，不该进入哪些市场，这是战略的核心。本书就战略这个话题不做过多阐述，这里就管理者必知的三个战略话题（见图1-6）与大家分享，以提高管理者的认知高度。

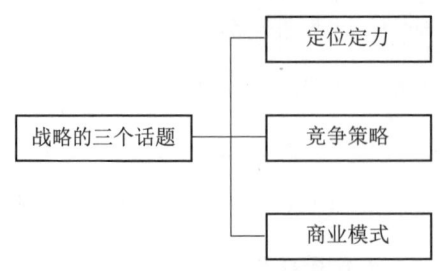

图 1-6 关于战略的三个话题

2. 管理者必知的三个战略话题

（1）定位定力：

第一，定位。定位就是一家公司从想做、可做、能做三个维度中找到自己该做的事情，也就是我们常常说的"做正确的事"（Do The Right Thing），如图 1-7 所示。

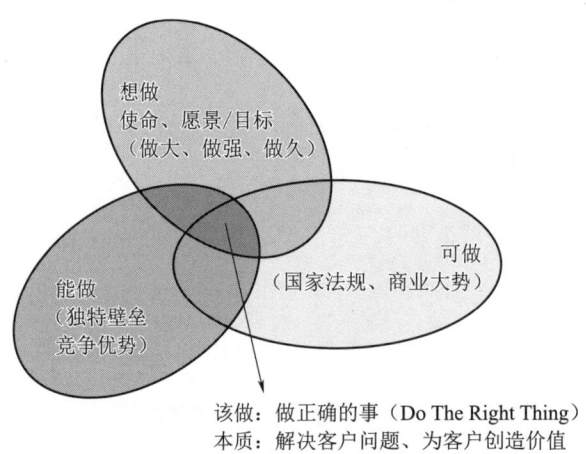

图 1-7 战略定位的三个维度

①想做：讲的是公司创始人或核心领导人基于使命回答公司想要做多大、想要做多强、想要做多久的愿景性问题。它具有纲领性、指引性意义，是公司的长期目标；它凝聚人心，是组织与员工的感情契约。

②可做：讲的是国家法规、商业大势。国家法规指的是符合国家法律法规的要求。

第一章 锦囊1：管理者认知思维再突破

——案　例——

2021年7月24日，中共中央办公厅、国务院办公厅，印发了《关于进一步减轻义务教育阶段学生作业负担和校外培训负担的意见》，要求各地区、各部门结合实际，认真贯彻落实相关方针，并选取了北京、上海等地作为试点城市，压减学科类校外培训、合理利用校内外资源、强化培训收费监管。

K12教育培训机构（K12教育，是指从小学一年级到高中三年级的教育系统）纷纷转型寻找出路。

商业大势指的是行业是什么？产业上下游是什么？未来的发展趋势会是什么？下一个十年的机会点在哪里？商业大势比的是企业领导者的眼光和行动。

——案　例——

中国家电市场曾以国美、苏宁"二分天下"为格局，公开资料显示，2008年，国美全年家电销售额已达到1 200亿元，稳居市场份额第一，而苏宁市场份额第二。然后，随着刘强东在互联网技术迅速发展的洪流中，看准电商行业兴起的趋势，带领京东家电在线上强势而起，并不断投资建设自有物流网络，不断扩大自己的市场份额，据《2021年中国家电市场报告》显示，京东以32.5%的市场份额位居第一；第二位的苏宁易购的市场份额为16.3%；天猫的市场份额为14.8%，位列第三；国美电器的市场份额仅为5%，位列第四。

在"可做"方面的常见战略分析工具与方法有以下三种：

PEST分析：是指基于政治（Political）、经济（Economic）、社会（Social）和技术（Technological）的宏观环境分析；

五种力量模型：是指行业中存在着决定竞争规模和程度的五种力量。它们影响着产业的吸引力以及现有企业的竞争战略决策。这五种力量包括同行业内现有竞争者的竞争能力、潜在竞争者进入的能力、替代品的替代能力、供应商的讨价还价能力以及购买者的议价能力。

STP理论：是指市场细分（Segmentation）、选择适当的市场目标（Targeting）

和定位（Positioning），主要用于帮助企业找准自己产品或服务在目标市场上的定位。

③能做：讲的是能够持续帮助企业创造价值，而且是竞争对手很难超越和模仿的竞争优势，主要包括独家资源、知识产权形成的独特壁垒，以及强大的管理及系统能力等。比如说，有些专注给企业提供餐饮服务的公司，规模可能不是市场上最大的，但因为拥有极低的配送成本，可以实现更快速、高效的产品供应，就形成了竞争对手无法比拟的优势。

在"能做"方面的常见战略分析工具与方法有以下两种：

SWOT分析：是管理者非常熟悉的工具，主要是通过对公司内外部环境及条件进行综合分析，确定企业本身的竞争优势（Strength）、竞争劣势（Weakness）、机会（Opportunity）和威胁（Threat），从而帮助公司更加明确自己的战略，把资源和行动聚焦于自己的强项和机会最多的领域。

波士顿矩阵：又称市场增长率-相对市场份额矩阵、波士顿咨询集团法，由波士顿咨询公司创始人布鲁斯·亨德森创作。波士顿矩阵认为一般决定产品结构的基本因素有两个：销售增长率以及市场占有率。通过这两个因素相互作用，会出现四种不同性质的产品类型，形成不同的产品发展前景，如图1-8所示。

①销售增长率和市场占有率"双高"的产品群（明星类产品）；

②销售增长率和市场占有率"双低"的产品群（瘦狗类产品）；

③销售增长率高、市场占有率低的产品群（问题类产品）；

④销售增长率低、市场占有率高的产品群（金牛类产品）。

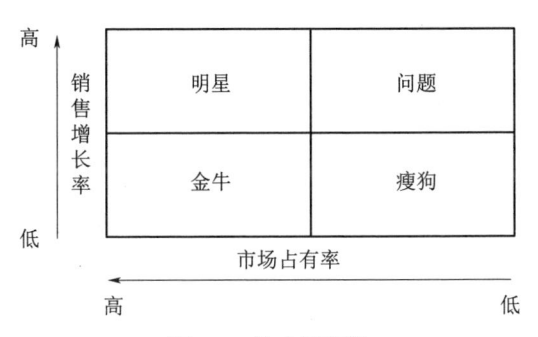

```
                  高  ┌──────────┬──────────┐
                     │          │          │
              销      │   明星    │   问题    │
              售      │          │          │
              增      ├──────────┼──────────┤
              长      │          │          │
              率      │   金牛    │   瘦狗    │
                     │          │          │
                  低  └──────────┴──────────┘
                          市场占有率
                     高                   低
```

图1-8 波士顿矩阵

当清晰明确"想做""可做""能做"后,企业战略的定位就呼之欲出!

定位战略模型非常简单,易于理解,但在这里也特别提醒管理者,不同时期,不同发展阶段,不同商业环境都会让企业在"想做""可做""能做"的思考上权重不同,从而做出不同的定位。

一位成熟的企业领导者是可以在不断变化的商业领域里保持理性和清醒,从而帮助企业根据不同的业务形态和发展周期找准自我定位,使众人行。

第二,定力。定力是指不容易被周围的环境所干扰,能把握住自己的意志力。

很多时候,一家企业能不能持续发展还真不是由"三军将士浴血拼搏"决定的,更多的是抵制诱惑、控制风险的结果。

对大多数企业而言,在创业及成长阶段,找到一个突破点,将所有的资源和能力集中于这一点,击穿它,并在未来的一段时间内有定力坚守这一点,方是企业的成功之道。今天市场上,我们看到一些企业最后资不抵债、破产的例子比比皆是,大多数都是为了追求规模盲目进行的多元化扩张。但还有一些企业,仍然能坚守自己的初心,比如可口可乐、比如中国玻璃大王曹德旺的福耀玻璃。

——案　　例——

位于福建福清的福耀玻璃由曹德旺先生所创立,目前是中国第一、世界第二的玻璃制造商。在中国,每三辆汽车中就有两辆汽车的玻璃是由福耀玻璃生产的。公司自创立以来,福耀玻璃矢志为中国人做一片属于自己的高质量玻璃,当好汽车工业的配角,秉承"勤劳、朴实、学习、创新"的核心价值观,坚持走独立自主、应用研发、开放包容的战略路线。其于 2016 年荣获全球玻璃行业最高奖项——金凤凰奖，评委会称"曹德旺带领福耀集团改变了世界汽车玻璃行业的格局"。

曹德旺先生在一次采访中说，每天都会有人给他各种信息，劝他去投资别的领域，比如房地产、芯片之类的，他都拒绝了。他说他自己一生中只能做好一件事，那就是把玻璃做好。

当然，我们也知道一些企业发展到一定程度时，会不约而同地选择多元化战略来分散风险。专业化是起点，多元化是终点。在这个过程中，不同阶段匹配不同定位，把握好那个度，就需要企业的定力和修为！

（2）竞争策略：

在这个方面，迈克尔·波特[①]给出了很好的答案。他认为，产品竞争有"三种竞争战略"，分别是：

①总成本领先战略，即产品或服务是否比竞争对手足够便宜。

有一本书叫《让顾客自己来定价》，里边用到了一个关于总成本领先战略的案例——中国的格兰仕。

因为格兰仕把总成本领先战略发挥到了极致，即永远把价格控制在竞争对手只要做就一定亏钱的点上，然后，自己把量做到足够多，把价格压到让其他的小批量的竞争对手根本无法生存的境地，这样就可以获得微利。

再比如，比亚迪当年就是凭借成本优势，生产出比国外竞争对手（如东芝、松下、三洋）便宜 15% 且品质更优的锂电池，一举成为全球充电电池第二大制造商。

其成本优势源于比亚迪对电池生产线的创新：当年创始人王传福没有太多的资金购买先进设备，就反其道而行之，把自动化生产线拆解细分，能够由人工完成的工序就用人工代替自动化生产，创造了独特的"人+夹具=机械手"的生产作业模式，

---

① 迈克尔·波特是哈佛大学商学研究院的著名教授，被誉为竞争战略之父。他在 1980 出版的《竞争战略》一书中提出了"三种竞争战略"的理论观点。（《竞争战略》一书已经再版了 53 次，并被译为 17 种文字）

从而大大地压缩了投入成本，确立了自己的成本优势。

②差异化战略，即提供的产品或服务避开竞争对手的市场优势，以己之长击彼之短而确立相对优势竞争地位的一种竞争策略，也称为错位竞争策略。

差异化可以是价格的差异化，可以是外观的差异化，可以是功能的差异化，可以是服务的差异化。

以中高档车市场为例：奔驰定位为"传统、尊贵"，宝马定位为"追求驾驶的终极乐趣"，沃尔沃则定位为"安全至上"，这让购车的消费者们可以各取所需。

只要定位精准，就可以与竞争对手区别开来，形成差异化，从而迎来属于自己的流量。比如，"怕上火，喝王老吉"，一句话就把王老吉同其他饮料公司区分开来。再比如，在过去的冰箱市场上，性能都差不多，但海尔冰箱能提供最好的到家服务，这也是一种差异化竞争的能力。

可能有的管理者会说，前面讲的都是大公司，那中小企业的差异化机会在哪里？

随着人们收入水平的提高，以及年轻一代生活场景的变化，市场呈现出各种各样的细分需求趋势。这些趋势就是消费者需求多样化的表现，也是中小企业的机会点。

中小企业可以从两个方面来满足多样化的消费者需求：一方面，是把原来高端的产品变成中产阶层也能消费得起的产品；另一方面，把一个原本很小众的产品，规模再稍微扩大一些。

③专一化战略，即专注于特定的细分领域，然后集中精力深耕，将其做到极致。

德国管理学家赫尔曼·西蒙在其书《隐形冠军》中，将专注于某一细分市场，精耕细作、不断创新，处于绝对领先地位且隐身于大众视野之外的企业称为隐形冠军。一般来说，这类公司的商业模式主要以B2B为主，平常不与终端消费者接触，但他们在客户眼里却有相当高的知名度，享有很高的信誉度和相互依赖性。

当公司明确了自己的产品竞争策略后，剩下要做的事情就是如何把它做到极致！

（3）商业模式：

商业模式，即回答公司的利润在哪里，是如何获取的。从会计的角度，利润 = 收入 – 成本。我们根据这一公式，就可以思考利润的来源。

商业模式本质就是经营模式，描述了公司能为客户提供的价值以及公司的内部结构、合作伙伴网络和关系资本等用以实现这一价值并产生可持续盈利收入的要求。

商业模式的核心其实是资源的整合及使用的方式。

——案　　例——

可口可乐公司就有一个巧妙的商业模式——装瓶授权体系。

可能许多人不知道，可口可乐公司自己并不生产和销售可乐，只生产各种饮料需要的浓缩液（传说中可口可乐神秘配方就是其中的一种），再把浓缩液销售给经过授权的装瓶厂商，由他们灌装，最后的产品在指定的区域内销售。也就是说，可口可乐公司只是这些装瓶厂商的关键原材料供应商，成品的生产、销售由装瓶厂商负责。

可口可乐公司的装瓶授权体系商业模式的设计是可口可乐公司能够穿越周期，并且在全球快速扩张的关键。

在装瓶授权体系下，可口可乐能够一直保持轻资产。当遇到经济衰退等因素时，可口可乐可以很容易地调整它的浓缩液产量。

更重要的是，各地装瓶商是帮助可口可乐快速打开本地市场的利器。可口可乐每到一个新市场，就会授权当地有影响力的机构来做装瓶厂商，一方面可以借助他们的资源和影响力快速打开市场；另一方面，可以利用当地装瓶厂商有效维系政企关系，确保生意高效运营。

大家都认为可口可乐营销很厉害。事实上，比营销更重要的是：它通过商业模式的创新，构建起一个"合作伙伴生态"，从而在过去一百多年里在全球实现快速扩张。

在《商业模式新生代》一书中，作者提到了商业模式的九个构成，很好地描述了公司创造收入的逻辑。

这九个构成分别为重要伙伴（Key Partnerships）、关键业务（Key Activities）、核心资源（Key Resources）、价值主张（Value Propositions）、客户关系（Customer Relationships）、客户细分（Customer Segments）、渠道通路（Channels）、成本结构（Cost Structure）、收入来源（Revenue Streams）。把它们组织起来就是我们常说的商业模式画布，如图1-9所示。

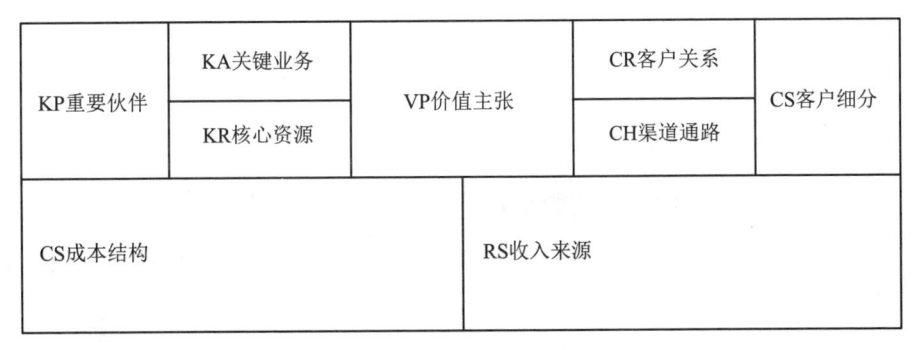

KP重要伙伴	KA关键业务	VP价值主张	CR客户关系	CS客户细分
	KR核心资源		CH渠道通路	
CS成本结构		RS收入来源		

图1-9　商业模式画布

3. 战略的意义和价值

清晰明了的公司战略可以增强员工对组织的信心，提高员工的积极性和使命感，只有这样，员工才会相信这个组织是可以实现愿景目标的，从而让员工愿意与组织共同成长！

公司在选拔一把手董事长/CEO时，最看重的就是战略思考能力，因为如果连方向都判断错了，那么你越努力，公司经营就越失败！公司核心管理者的工作就是要确保公司的战略和方向是对的，要保证企业的发展节奏是合理的，要让员工相信资源配置是最优的。只有这样，组织离愿景目标才能越来越近！

4. 战略落地工具模型"OGSM"简介

OGSM由四个单词的首个英文字母组成，分别是Objective（愿景）、Goal（目标）、Strategy（策略）和Measurement（衡量指标）。

- Objective：即组织或团队宏伟、大胆的梦想。
- Goal：即对愿景成功的具体定义，需要遵循SMART法则。比如可口可乐在中国授权的所有装瓶厂中,哪个厂的 HR 团队的表现是最好的?其中一个关键目标就是,销售业务代表的年度流失率,这个目标是可以清晰量化的。目标的作用在于,可以随时衡量与团队长期愿景的 GAP(差距)。

- Strategy:即如何去实现?它是一种选择,选了这条路,就要放弃另外一条路。比如,如何实现销售业务代表年度流失率低于 15% 呢?我们选用的方法就是"薪心相印"模型[②],即从"薪水"和"用心"两个方面围绕六个维度开展相应的工作。

- Measurement:即解决如何定量地把"薪水"和"用心"围绕六个维度开展相应工作的落地过程描述出来?

以上就是关于"OGSM"的简单介绍。图 1-10 是笔者在工作时常用的、直观的"OGSM"可视化工具,也欢迎管理者们可以运用它把自己负责组织的"OGSM"描述出来。

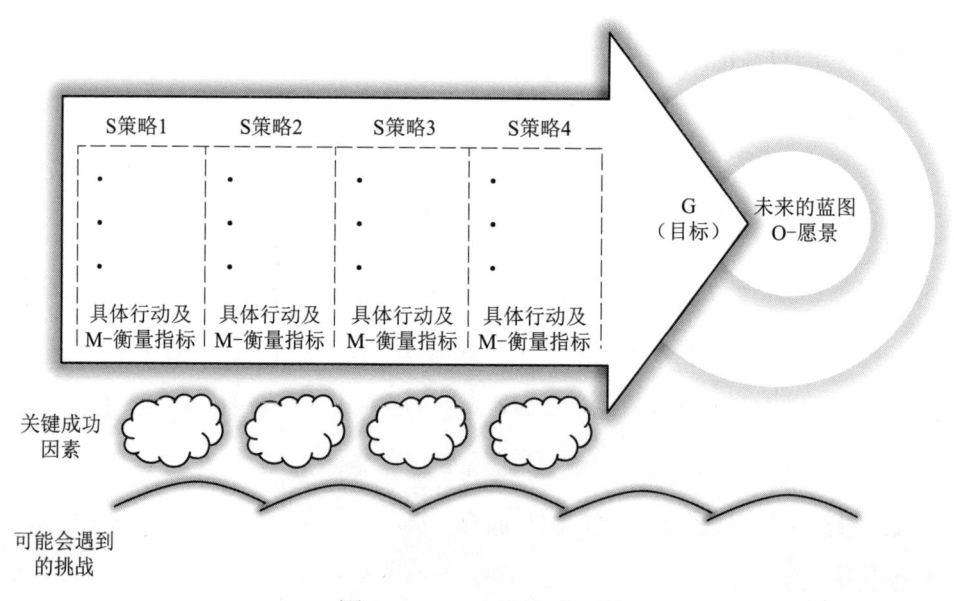

图 1-10 OGSM 可视化工具

---

② "薪心相印"模型的内容,可参阅笔者的第一本书《高效员工管理:写给管理者的 6 个锦囊》。

五、组织赋能 2：系统的力量让员工更乐意付出能量（组织能力）

1. 让战略落地的组织能力

战略固然重要，但组织能力更加宝贵。强大的组织能力可以成为企业的竞争优势来源。战略与组织能力相辅相成、互相影响。

组织能力是战略落地的依托，也是战略决策的依据之一。组织能力都包括哪些内容呢？

克里斯坦森在《创新者的窘境》一书中谈道，组织能力受到三个因素的影响：资源（Resources）、流程（Process）、价值观（Values），并提出了影响组织能力的 RPV 模型。他认为，企业在初创期关注的是生存问题，所以最看重的是资源，解决的是人的问题；企业在发展期关注的是如何高效运营，所以流程和体系很关键，解决的是信息传递的问题；企业在成熟期关注的是如何创新延续企业的生命，解决的是组织目标实现的问题。

杨国安教授在《组织能力的杨三角》一书中谈道，战略能够贯彻执行的根本保障非组织能力莫属，也就是说，组织能力与战略方向无法分开。他用"企业的成功 = 战略 × 组织能力"这个公式表达三者之间的关系，如果战略方向错了，组织能力再强大也无济于事。因此，组织能力打造的前提条件必须是基于正确的战略条件下。

他认为，无论是制订正确的战略，还是打造强大的组织能力，关键在于企业最高领导者和领导团队的能力、判断和坚持。

市场上比较流行的组织能力模型有很多，比如麦肯锡的"7S 模型"、华为推行的"BLM"、阿里巴巴推行的韦斯伯德的"六个盒子"、加尔布雷斯的"星型模型"，笔者在这里不建议管理者们盲目都学，关键是要根据自己公司的特点来匹配最合适的组织能力模型学习。

比如，强调系统性的流程控制型企业可以学习华为；强调用户体验的产品驱动型公司可以学习腾讯。多年的工作经验告诉我，面对商业领域里各种潮流管理新模型时，企业核心管理者不要追时髦赶潮流，而是要经常问自己："那些模型真的适合我的组织吗？"

本书结合上面提到的两位作者以及管理咨询界组织能力的各种模型，从三个易于理解的维度来阐述（见图1-11），帮助管理者全面地理解与战略匹配的组织能力。

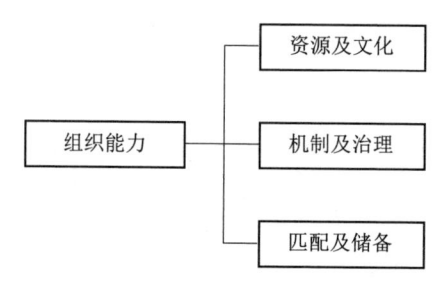

图1-11 组织能力的三个维度

2. 组织能力的第一个维度：资源及文化

（1）组织资源：

组织资源可分有形资源以及无形资源，这些资源可以帮助公司战略有效落地。

有形资源包括我们常常说的人、财、物，即人力资源、现金资源、物料资源（厂房/设备/各种工具/生产资料等）。

无形资源包括组织里的技术、知识产权、品牌、各种关系（客户、供应商、资本、政府、社会）、创业者的勇气和信念（创始人的勇气和信念对于初创公司来说，就是一种不可多得的资源）。

资源是组织能力中最容易迁移的，因为在这个世界上，你拥有的大部分资源，别人很快也会拥有。

（2）组织文化：

组织文化不单是指使命、愿景、价值观，更多的是指随着时间的累积，员工在组织中慢慢形成的一种做事风格及行事方式，并成为组织的特性。它反过来又会约束员工，即组织的文化强制性，具体包括物质层、制度层、精神层方面的内容。

从第一性原理来看，一家公司的使命、愿景、价值观大约就是这家公司的"公理体系"，是一切的原点，而公司后续的规章制度、工作流程、决策行为、员工行为要求都是由之导出的！管理学家吉姆·柯林斯就发现：一些高瞻远瞩的公司的使命、价值观是稳若磐石的，并将企业的使命、价值观作为企业前进的航标。

今天，对于企业的创始人或者新任CEO们而言，首要事情就是要思考企业的使命、愿景和价值观。同时，要根据个人天赋和偏好从不同角度对组织文化进行塑造。

比如，亚马逊的创始人贝索斯就喜欢从关键流程、机制、系统的设置作为客户导向型文化来切入；西贝的创始人贾国龙则喜欢通过仪式、符号等方式去传递和塑造企业文化，在重要的会议上组织高管团队诵读蓝图，在合伙人大会上带大家畅饮珍藏的西贝红等。

很多情况下，组织文化的背后，是企业创始人心智模式的一种自然投射。很多人说，从华为出来的人有"华为味儿"，某个组织出来的人有"某组织的味儿"。这是因为管理学的背后是组织行为学，组织行为学的背后是心理学，心理学的背后是哲学。哲学是以世界整体作为研究对象，将影响着人们的思维模式与判断。而组织文化是可以解决组织哲学的问题，进而影响组织中个体的思维模式，最终影响其行为选择，这就是组织文化建设的好处。

3. 组织能力的第二个维度：机制及治理

组织机制包含两个方面：组织结构和组织制度及流程。组织治理则是如同个人每年健康体验一样，常常回顾组织是否健康，不健康体现在哪里（是否有图表、数字、案例的结果呈现），有什么样的对应措施等。下面我们分别详细讲解。

（1）组织结构：

组织结构指的是，对于组织里的工作任务如何进行分工、分组和协调合作，它是表明组织各部分排列顺序、空间位置、聚散状态以及各要素之间相互关系的一种模式，是整个管理系统的"框架"。

我们知道，金刚石和石墨其实都是由碳元素构成的，但金刚石坚硬无比，石墨则松软滑腻。原因非常简单，因为金刚石和石墨内部的碳原子排列组合方式不同。由此可知，事物的结构在很大程度上决定了其功能，在商业领域里，道理也是一样的。

龙峰在《组织的逻辑》一书中将组织结构设计分为三种：

①以任务为中心的组织结构设计：以直线制、直线职能制为代表。

②以结果为中心的组织结构设计：以独立核算的事业部制为代表。

③以关系为中心的组织结构设计：诸如母子公司制、金融控投公司、平台组织等为代表。

他还提出，诸如矩阵制、品牌经理制、小组制、阿米巴、自主经营体、扁平化组织、敏捷组织、无边界组织等，都是这三种基本组织结构设计的变形、组合、改良和折中，甚至有些组织结构设计只是措辞层面的差别，或突出某种状态，而并无本质区别。

一家企业所处的发展阶段不同，其面临的挑战也不同，与之匹配的组织结构设计也应发生不同的变化，企业 CEO 或核心管理者应有敏锐的组织洞察力并根据实际情况做出相应的调整。组织结构设计不能机械化、不能官僚化、不能刚性化，更不能一成不变，而应有一定的柔性、弹性。

许多公司在发展过程中患了"组织机制不匹配症"的毛病，具体表现为：信息不畅、机体僵硬、机构臃肿、职责不清、决策复杂、行动缓慢、本位主义、互相推卸、闭门造车等。

造成这种毛病产生的原因主要有两个：第一，由于业务模式调整导致的组织结构调整有滞后且人员冗余；第二，根据帕金森定律，一位无能的管理者由于业务扩张或私利原因给自己找无能的下属，结果人员不断膨胀，导致组织效率越来越低。

在互联网公司里，有一个两万人陷阱的传说。据说公司一旦超过两万人，就可能出问题。比如，2001 年，华为首次突破两万人时，任正非就写过一篇文章叫《华为的冬天》，里面严厉批评了当时的组织问题。再比如，2009 年，阿里巴巴总人数突破两万人，也正是那一年，其创始人团队集体辞职，重新竞聘上岗。

2022 年，马斯克收购推特后做的第一件事就是大量裁减员工。他说，推特最糟糕的一件事就是 1 个人编程，10 个人管理。

无印良品前社长松井中三曾说："部门本位主义的根源经常存在于罹患大企业病的企业组织结构之中。"

在笔者的职业生涯中，也曾目睹过因为某个部门组织结构设计的不匹配，在十年过程中造成近亿元不必要的成本及费用发生，运营效率极其低下。

——案　例——

丹尼尔·麦卡勒姆（1815—1878）是世界上第一张组织结构图的设计者。

麦卡勒姆出生在苏格兰，7 岁那年随父母移居美国，成年后他先是做了木匠，后来做了市政工程，成为桥梁专家。1848 年他加入纽约伊利铁路公司，从最初的小监工，一直做到了公司的萨斯奎哈纳（Susquehanna）区域的运营总监。

早期的铁路公司面对指数增长的铁路线路和人员运营，没任何现代化的计算和管理工具，其管理难度可想而知。如何处理复杂的数据信息，如何降低运营成本，这些都考验着作为管理者的麦卡勒姆。

1855 年，麦卡勒姆给他的领导写了一封信。信里面提到了他所面对的五个关键管理挑战：①如何让员工为了共同的目标在一起工作？②如何让员工拥有责任感？③如何确保工作任务得到执行？④管理者是如何知道以上信息的？⑤管理者如何在尊重员工的基础上完成以上工作？

要知道，这五个问题即使到现在也是非常有意义和挑战的。一百多年前的麦卡勒姆在他的那封信里给出了自己的方案：绘制了一张组织结构图。据说，这就是世界上的第一张组织结构图。

（2）组织制度及流程：

组织结构确认后，此时相应的制度与流程就会产生，具体包括横向分工体系、纵向分工体系。制度与流程的有效性往往会直接影响着企业的运营效率。

在笔者的第一本书里，曾讲过梅奥诊所（也称梅奥医学中心）的故事。这里再次引用梅奥诊所的就医过程，让读者们更加清楚组织流程设计的不同。

去医院看病，相信大家都有经验，一般医院的流程都是先挂号，然后在医生门诊外边排队等待，其流程的核心是病人直接找医生。

但梅奥诊所不是，它的看病流程是给刚来医院的病人设置一个召集医生（类似病人的产品经理），他会根据病人的情况，召集不同专业的医生加入这个病人的诊治小组中。其流程的核心是病人找产品经理，好处是病人把自己放心地交给医院，由医院来承担完备性的责任。

这种流程设计与梅奥的创始人在1910年制定的核心价值观（患者的需求第一）有着直接的关系。客户需求至上，是梅奥诊所之所以能够长期屹立在世界医学之巅的根本原因。

我们常说的组织流程还包括公司主营业务的运营模式，比如客户从下单到收到货的流程，从市场销售反馈的需求到生产过程的流程等等。从流程中提高效率也是组织管理效率提升的一个重要维度。

华为任正非的《让听得见炮声的人来决策》文章中，有一段是这样说的："我们后方配备的先进设备、优质资源，应该在前线一发现目标和机会时就能及时发挥作用，提供有效的支持，而不是拥有资源的人来指挥战争、拥兵自重。谁来呼唤炮火，应该让听得见炮声的人来决策。"

"不以规矩，不能成方圆"出自《孟子·离娄章句上》，组织制度则是在实现战略目标过程中的规矩。

组织制度也有分层分级，有些是一级制度，有些是二级制度。这些制度帮助公司解决如何运营，具体包括各种机制以及相关的规定。

比如公司的利益/激励机制：包括短期的市场薪酬定位以及绩效管理机制、长期的股票/期权激励等，这些制度是否做到"赏罚孰明"，这一点对公司特别重要，因为赏和罚一旦不公平的话，就会鼓励不好的行为发生，甚至会打击优秀的人才，这对组织管理造成的影响是特别可怕的。

比如公司的运行机制：公司最高管理者怎么管理高层管理者、高层管理者怎么管理中层管理者、中层管理者怎么管理基层管理者，他们各自的权责利是什么。在许多公司里，这些机制往往设计得不完整、不清晰，或说起来清晰但实际没有执行。正是因为机制不清楚，许多公司才会出现"最高管理者无所不能，公司迟早关门"的现象。

再比如董事会通过的决议、集团的规定，子公司或各功能部门的规则、办法、细则、条例等，这些都是组织制度及流程的一部分。

除此之外，还包括一些针对员工行为的规范要求，常见的有管理高压线、黄牌机制等。

管理高压线：即底线，是不能触碰的最基本要求，一旦触碰就会面临企业解除劳动合同的强制措施等。比如，采购人员明目张胆吃回扣的情况；销售人员串通客户跨区域销售；员工未经授权将公司内部关键数据提供给竞争企业或者投资机构的情况等。

黄牌机制：如同足球赛场上的裁判一样，有一定的触发场景和条件，一旦触发就给黄牌，累计几张黄牌就会被调离、解除劳动合同。

（3）组织治理：

许多企业每年都会有人才盘点，在人才盘点中 CEO 与核心管理者会盘点组织的关键人才，根据绩效和潜能，看看他们在九宫格的位置，提出对应的人才发展计划，并做好梯队储备人员的准备等。

在人才盘点之前，最好先做组织盘点。因为企业只有对组织进行盘点，根据组织的环境、关系与工作机制的特征，才能做好最符合本企业特点的人才盘点。这样，人才盘点才能落到实处，才能探索出目前匹配组织现状的人才梯队，否则人才盘点就会显得空泛而不具体。

而企业要做好组织盘点，则需要先做好战略盘点。这样才会实现由面到线，由线到点的全过程回顾，而不会出现"抓小放大"的问题。

组织盘点涉及的要点包括未来的组织结构、各部门定位、增减去留岗位、关键岗位设置、管控权责、组织机制的制度流程更新等。

——案　　例——

2021年12月7日，字节跳动正式撤销人才发展中心。张一鸣在内部邮件中提及原因："一是发现现有团队与公司的需求脱节；二是团队积累的技能和经验，在一段时间内不太符合公司的需求方向。"他进一步强调："从组织精干的角度，我们不仅要评估个体与团队的产出是否足够，也要复盘和反思'职能'本身是否有价值，如何发挥价值。"他还讲道："对职能去肥增瘦，可能才更加有效，我们要避免久而久之，一些部门和团队的工作，变成'过家家'的游戏，员工很忙，部门空转，没有实际创造很大价值，不仅浪费公司资源，也出现很多噪声，浪费其他员工的时间。"

4. 组织能力的第三个维度：人才匹配及储备

（1）人才匹配：

谈完组织资源文化、机制与治理，最终这些工作还是会落到人的身上来实现，因此岗位上是否有匹配的人才就显得特别关键。

这里谈的岗位，更多是指影响公司使命、愿景、价值观以及战略制订和落地的关键管理岗位。对这些关键管理岗位的人员，组织基本包含了从任职资格、晋升规则、接班人计划、培训、激励等系列人力资源管理操作，基本可以从甄选、培育、赋能、留任这四个维度出发，具体方法可参考笔者的第一本书《高效员工管理：写给管理者的6个锦囊》，这里不再赘述。

企业发展的不同阶段，其人才匹配的思路与考虑重点也会不一样。

在创业阶段，公司的经营方式就是找准方向后，快速试错、快速迭代，此时的关键管理人才要和创始人一样有拼劲、可身兼数职、没日没夜地干，让公司快速蓬勃发展。

在成长阶段，公司的经营方式就是追求标准化和一致性，建立系统与流程，此时的关键管理人才要有建立系统的能力，比如力出一孔、回路闭环的任务协同系统；选育用留各环节相互耦合的人才管理系统；上下同欲、内外自洽的文化管理系统。这些"系统"可以帮助企业建立竞争对手难以复制的组织竞争力。

——案　　例——

在阿里巴巴的发展史上，有两位在成长阶段中功不可没的关键人物，一位是蔡崇信，另一位是关明生。

蔡崇信当年是瑞典投资公司 Investor AB 的高管，被当时阿里巴巴的使命所影响，决定加入阿里巴巴，成为合伙人。他用自己的专业知识，帮助创始人注册公司，教大家什么是股份，用国际标准将股权确立了下来。

关明生，带着17年通用电气（GE）的工作经验于2001年加入阿里巴巴，担任阿里巴巴的第一任首席运营官（COO）。在任上，其做的第一件事就是"立规矩"，构建阿里管理体系的"骨架"，即制度与流程，并不断完善；第二件事是把阿里巴巴的文化落地，由虚变实。关明生最早从"使命、愿景、价值观"三个关键点来表达阿里巴巴的文化，并在其主导梳理下，提炼出九条价值观，这就是最早阿里文化的"独孤九剑"。同时，在关明生的帮助下，阿里巴巴逐步梳理了组织结构，并设计各类人才培养项目（阿里三板斧大约就是这样开始的），开始做人才梯队建设。他不是阿里巴巴文化的创立者，但却是文化与管理体系的构建者。

在成熟及转型阶段，公司的经营方式就是如何寻找第二曲线，为公司找到一个新的发展空间，为可持续长远发展奠定基础。此时关键管理人才要有跨界、创新、颠覆思维的能力。

所以企业在不同阶段，所需要的核心管理者的能力不同，当人岗发生错配时，则公司危也。另外，人和组织的匹配是一个不断适应、不断调整的动态过程。在这个过程中，可能是"先事后人"，尤其是当公司的战略方向以及组织机制相对清晰时；

也可能是"先人后事",尤其是当公司的战略方向和组织机制都还不明朗时。

(2)人才储备:

除了关键管理人才的匹配外,组织能力还包括人才的储备状况,即"板凳队员"的深度。

——案　例——

在NBA各球队实力打分中,有一个很重要的维度就是板凳的深度。它指的是球队里替补队员的实力。"板凳队员"深度深,意思就是说这个球队替补队员的实力比较强;相反,"板凳队员"深度浅就代表替补队员的实力比较弱。

一场比赛中,主力队员固然是球队获胜的关键,但主力队员在激烈对抗中由于体力消耗或犯规受伤等原因需要替补队员上场时,"板凳队员"能否"顶得上",将直接影响比赛的最终结果。

人才储备体现的是组织是否有长远的战略眼光,让人才呈梯队发展,避免出现"青黄不接"的情况,从而影响战略目标的有效实施。

5. 组织赋能,让员工乐意付出更多的能量

在前面的内容中,讲解了在组织里,使命、愿景、价值观、战略、组织能力的要点,那这些要点怎么促使员工乐意付出更多的能量呢?这里引用几个"流行"句子和历史故事来帮助管理者们更好地理解。

(1)"为何而战的意志胜于钢铁之躯"。

喜欢玩游戏的朋友可能知道,在《王者荣耀》游戏中,这句话是"狂铁"的台词,意思是指受到精神的鼓励后,会有强大的意志力。

在组织里,这句话可以体现使命、愿景、价值观等组织文化的作用。它可以是一种信念,也可以是一种精神,这种信念或精神让人愿意为之付出更多的能量。

——案　例——

比如,在2022女足亚洲杯决赛中,中国女足姑娘在0∶2落后的情况下,以顽强的意志和团队协作的精神3∶2逆转战胜韩国队夺得冠军奖杯。其中,用头顶进比赛

中关键第二个球的19号张琳艳就是在"只要能再次穿上国家队的战袍，我会尽我的全部力量去为他奋斗、为他战斗，这是一种荣耀"的信念下不断为之拼搏。

（2）"一将无能，累死三军"。

此语出自《左氏春秋》，讲的是首领若无谋略才能，部下一定会受影响。这里的谋略才能指的就是战略方向。

在各组织里，管理者的心中一定要有清晰的方向和线路，就像指南针和方向盘，要让员工明白和理解，引领团队成员前行。这样，员工才不会像无头苍蝇四处乱撞，才更有动力和信心，更愿意为之而努力。

（3）"有时搞定公司内部的人，比搞定客户还难"。

相信很多读者听到这句话，一定会发出不由自主地微笑，这不就是讲的……公司吗？

是的，公司不断发展壮大，会不约而同地患上"大公司病"，而"大公司病"主要反映在组织机制和组织治理上，问题出现在各部门特别是业务支持部门。对于这些部门而言，最高的原则就是要安全，如"规避任何风险""最好不要惹事"，同时还会制造一些障碍，让制度与流程外的事情最好不要发生，扼杀一切可能创新的机会。

当员工在这样的组织机制和治理环境下工作，他们除了摇头，还会愿意去付出更多的能量吗？

——案　　例——

可口可乐前总裁董事兼CEO唐纳德·基奥在其《管理十诫》中讲了一个非常有趣的关于"大公司病"的故事。

他到可口可乐当CEO的时候，他的秘书比他早几天到公司布置办公室，他的秘书想找几支铅笔，结果找了两天都没找回来，第三天回来后，就在他面前痛哭。他问他秘书有什么好哭的，然后秘书就跟他讲，要得到这几支铅笔，得去填单子走流程，而填单子那个人又不在，这样的事情还发生在寻找订书钉、安装、复印机、更换文具上，所以这个秘书就崩溃了。

（4）从"毛遂自荐"到"毛遂自刎"。

"毛遂自荐"相信读者们都耳熟能详，说的是战国时期秦兵攻打赵国，平原君奉命到楚国求救，门客毛遂自动请求跟随前往游说。按司马迁《史记》中记载：到了楚国，平原君和楚王会谈，从早上到中午，都还没有结果。毛遂于是持剑走到楚王面前，极力说明赵、楚联合抗秦的利害关系，楚王最终被说服，答应出兵援救，促成了楚赵"合纵抗秦"大计；也成就了一段"三寸之舌，强于百万之师"的传奇。

有些人说后面还发生了这样的故事：毛遂自荐发生的第二年，燕国发难兵临城下，赵王强令毛遂挂帅出征，结果赵军一战即溃，几乎全军覆没。毛遂身为主帅在兵败溃逃中拔剑自刎以死谢罪。之前，当得知赵王欲让自己统兵御敌时，毛遂大吃一惊，立即向赵王请辞，表示自己不堪此任，并声泪俱下解释："寸有所长，尺有所短，骐骥一日千里，捕捉老鼠不如蛇猫。逞三寸舌我当仁不让，仗三尺剑实非我能，岂敢以家国安危来试验我之不才之处！"

然而，赵王固执己见，硬要"赶着鸭子上架"，最终导致了赵军一败涂地。

毛遂后面发生的故事虽不知真假，但在企业的经营管理中，与岗位匹配的关键人才至关重要，选拔人才要任人唯贤，而不能任人唯亲或者任人唯主观判断，乱安排，否则结果就可能是南辕北辙。

对于员工而言，当发现公司出现方向性错误时（就如同当年的"诺基亚时刻"），唯一能做的就是纷纷离船，谈何尽心尽力，努力拼搏？

（5）"蜀中无大将，廖化做先锋"。

三国时期，蜀国是第一个被灭亡的，除了地理位置偏远、人口不足、经济不发达、政治腐败等这些重要因素外，还有一个原因就是人才后备梯队培养不足。诸葛丞相事必躬亲，凡事亲力亲为，下属严重依赖锦囊妙计，结果诸葛亮身心疲惫，54岁病逝五丈原。然后，整个蜀汉政权人才出现了青黄不接的局面。

培养储备梯队人才，是为了更容易达成战略目标，同时为"板凳人员"提供锻炼机会、创造成才条件，同时让员工看到组织里的职业发展机会，从而愿意付出更多的能量。

六、管理者赋能：像政委一样工作

1. 管理者要有"政委"的意识和方法

在笔者上一本书里，曾用"管理者一半是团长，一半是政委"来形容管理者的角色。

团长的重要职责是"带兵打仗，完成上级交代的任务"，而政委的重要职责是解决"士兵为什么要跟着上级一起完成目标"。

从实际工作情况来看，作为"团长"的决心和能力是大部分管理者都具备的，而作为"政委"的意识和方法则是大部分管理者所欠缺的。

管理者"政委"的角色用通俗的话来讲，实际上就是如何赋能员工，增强员工内驱力，让员工内心渴望去追逐梦想和目标。而管理者赋能员工主要有六个维度，分别是：

第一，追随感。随着"95后""00后"员工在职场中的人数越来越多，各级管理者对此也有了很大的挑战。面对这群个性张扬、独立自主、拥有多元选择的年轻人，以前的管理方式看上去已经落伍。在这些新生代看来，管理者是否值得追随是一件非常关键的事情。这对管理者的领导力、影响力也提出愈来愈高的要求。

第二，使命感。强烈的公司文化、团队使命感，是员工"为何而战"的重要来源。

第三，意义感。即员工除了薪水之外，更愿意去付诸行动的那根拐杖。薪水只是员工付出劳动应该得到的报酬，除报酬外的行动，他不一定全身心投入。

第四，自主感。成就感源于自主感，如何在工作中释放员工的自主性，拥有自主空间，会推动他们在自己的领域获得成就感。

第五，氛围感。创建一个好的氛围，让员工在一个积极向上的工作环境中，更容易全心投入，贡献更多价值。

第六，物质感，是一切的基础。薪水是员工与组织合作的基石，是员工付出劳动后应该得到的报酬，是一种等价交换。当一个人不再为生存而犯愁时，他选择的自由度就大得多，也就不用"为五斗米而折腰"，但"二百斗米"对他们还是很有诱惑力的，因为"二百斗米"足以改变好几个维度的社会价值排序。

在竞争激烈的商业领域里，比拼到最后，比的就是每家公司的团队战斗力和执行力。当公司战略确定后，各级管理干部就是关键的制胜因素。只有在各级管理者的正确带领与有效赋能下，团队及员工才会表现出强大的执行力和战斗力，才能推动组织实现业务目标、走向胜利。

2. 日本新干线清洁工赋能的故事

今天我们谈起中国的高铁会充满自豪感，短短十几年间，中国高铁技术迅猛发展，里程总数全世界第一，而且准时安全可靠，规模庞大的高铁网，为人们出行提供了各种便利。

在20世纪八九十年代，笔者在日本旅游时曾体验了一次日本的高铁（他们叫"新干线"）。下面则是关于TESSEI公司赋能员工的一段故事。

——案　　例——

JR东日本所运营的新干线，承接其清洁打扫业务的是一家名叫TESSEI的公司。新干线抵达东京站后只停留12分钟，扣除乘客上下车时间，留给TESSEI的车厢清洁时间只有7分钟。在这7分钟内，需要完成全部车厢地面、座位、桌板、厕所等处的清洁，还需将座位调换至反方向，同时整理车厢内的乘客遗失物品，便于事后招领。

TESSEI公司属于典型的3K行业，即辛苦（KITSUI）、脏（KITANAI）、危险（KIKENN），工资水平不高，他们的员工平均年龄高达52岁，最大的有65岁。

然而经过短短10年，这个不起眼甚至常被视作底层行业的工作，竟然被世界各大媒体争相采访报道，很多著名的大企业积极前往参观学习。

那 TESSEI 公司是如何激活这些清洁工的呢？团队管理是这么做的：

第一，改善团队环境氛围，引导及禁止管理者打骂或用语言羞辱员工的日常行为；把原本不好看的制服做了修改，换成了色彩明亮轻快的制服。穿着好看舒心了，清洁工干活儿时的心情也就变好了。

第二，严明奖罚制度。服务质量低、业务能力差、迟到等情况会被扣奖金，反过来，表现绩优者会有奖金加额的奖励。

第三，重新定义清洁工作，他们把新干线上的所有活动比喻为"剧场"，每一个岗位都是"新干线剧场"中的角色，同时让清洁团队的成员意识到"他们也是这个舞台上的重要角色，他们的工作不仅仅是清扫，同时也是为了让旅客舒适地乘坐新干线，为其制造出独一无二的旅行回忆"。

第四，引入"寿司之神"小野二郎等故事，让员工意识到清洁岗位也可以有工匠精神，并得到社会的认同。

第五，设计挑战目标"如何用 7 分钟时间，给乘客留下一段美好的乘车记忆"，各班组的清洁工们群策群力、献计献策，从各个环节提出改善建议，班组长带领本组员工，努力去实现自己班组的"7 分钟"目标。

以前，清洁工把打扫车厢当作一份机械的工作，而经过这一系列的改变后，他们的行动发生了翻天覆地的变化。7 分钟内，22 名清洁员，能够完美地打扫将近 1 000 个列车座位。

而且，在列车驶来的时候，清洁员们会整齐划一地向列车行注目礼；他们还会列队向月台上等车的乘客行礼致敬；最后，列车出发的时候，清洁员们会列队鞠躬，送别车上的乘客。这一系列举动，给乘客带来了深深的震撼和感动。经常有乘客为清洁员们的敬业精神所感动，不自觉地鼓掌叫好。

为了让"新干线剧场"更加红火，清洁团队的成员还自发主动地提出了很多好的建议。比如，在夏季，穿上夏威夷民族服装为乘客服务；在不同的季节，头上戴不同的花,让乘客感受季节感……这些小小的改变都让"新干线剧场"大放异彩。除此之外,工作现场还不断产生新的创意,如卫生间里用多种语言标注冲水方式,等等。

对于日本新干线的清洁工,他们的管理者运用"赋能员工简洁模型"的各种方法,把团队成员的能量释放了出来。当员工主人翁意识更加明确,原本机械、枯燥的工作就会变成主动、自觉的行为。

这里,笔者把新干线赋能清洁工的做法用"管理者赋能员工简洁模型"来表示,如图 1-12 所示,也期望对管理者们有所启发。

在这个模型里,使命感(为何而战)是房顶,意义感、自主感、氛围感是支撑起房子的柱子,而地基由两部分组成:一个是追随感,另一个是物质感(等价报酬)。

为什么会有两个地基,原因非常简单:房子之所以能屹立不倒,地基是根本,要么团队管理者值得追随,要么看在等价报酬上工作。两个条件都具备,情况最佳,地基最稳;如果条件有限,也至少要满足一个条件,保证一个地基。

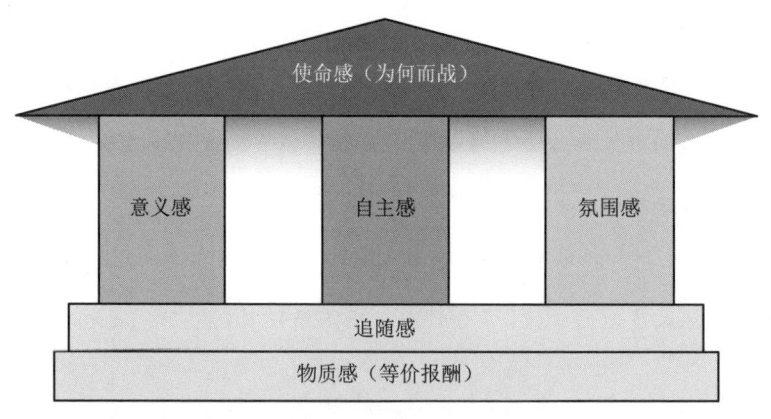

图 1-12 管理者赋能员工简洁模型

> **思考题**
>
> 请运用图 1-12 的模型,结合自己组织、自己团队的发展阶段、具体情况,得出自己团队的赋能员工简洁模型。

3. 从赋能员工简洁模型看特斯拉 CEO 的管理之道

埃隆·马斯克,是美国电动汽车及能源公司特斯拉 CEO,也是太空运输服务公司SpaceX的创始人。他说，他只想用"特种部队"为其工作，还自称为"纳米经理"，因为他更喜欢在细节方面进行指导。

尽管马斯克是位设计天才和卓有远见的企业家，但那并不意味着他的"无情完美主义"可以获得员工的衷心支持。许多前任和现任的特斯拉高管都表示，很少有人愿意公开表达与马斯克的不同意见。一位离任高管称，尽管马斯克的远见和魄力鼓舞人心，但平时和他在一起工作，却令人感到筋疲力尽。特斯拉前首席财务官称，特斯拉之所以能发展到今天这种规模，应归功于马斯克，然而他工作追求完美的态度却也让许多人的工作及生活变得十分困难，因为他的要求非常苛刻。

既然如此，为什么还有那么多人憧憬和愿意到特斯拉工作，追随马斯克呢？其实我们运用图1-12赋能员工简洁模型就可以很好地解释这个问题。

虽然马斯克的领导风格让许多人受不了，这让他在氛围感得分不会太高，但在其他方面，如使命感、意义感、自主感、追随感以及物质感却让许多人趋之若鹜。比如，特斯拉的使命是"加速全球向可持续能源的转变"，这个使命足以让在这个领域的许多专业人士愿意"为之而战"。比如，特斯拉作为全球新能源纯电动车的先行者，其研发的无限空间，让许多人可以收获满满的成就感；比如，吸引人的薪酬，让员工觉得等价报酬的性价比高，等等。

还记得我们前面讲过的吗？管理的本质就是管理者通过各种方式让员工付出更多的能量去交付结果！

七、个体认知世界的四个层次

我们想象的边界即世界的边界。

——路德维希·维特根斯坦

1. 人与人最大的差别，是认知的差别

我们常说事物有表象和本质之分，大部分人只能看到事物的表面，而只有看透事物的本质，才能彻底了解事物。

能不能看透事物的本质，取决于个体的认知高度。那些一眼就能洞穿事物本质的人，总能在别人面前抢得先机。

《吕氏春秋》里有这么一个故事，很好地说明了不同的人看表象和本质的不一样。

——案　　例——

【原文】楚庄王欲伐陈，使人视之。使者曰："陈不可伐也。"庄王曰："何故？"对曰："其城郭高，沟壑深，蓄积多，其国宁也。"王曰："陈可伐也。夫陈，小国也，而蓄积多。蓄积多则赋敛重，赋敛重则民怨上矣；城郭高，沟壑深，则民力罢矣。"兴兵伐之，遂取陈。

【译文】楚庄王想讨伐陈国，派人去陈国探查虚实。探察的人回来后说："陈国不可以讨伐。"楚庄王问："什么原因呢？"探察的人回答："（陈国）城墙筑得高，护城河挖得深，积蓄的财粮也很多呀。"

楚庄王说："陈国可以讨伐。陈国是个小国家，却财粮积蓄很多，这是因为赋税沉重，那么老百姓一定会怨恨君主！城墙筑得高，护城河挖得深，那么老百姓的力量也衰竭了。"于是，楚庄王派军队去讨伐陈国，最后攻下了陈国。

这个世界上，人与人最大的差别，是认知的差别。认知层面高的人，其格局就会很大，看问题的角度就会不一样。"孔子登东山而小鲁，登泰山而小天下"，说的就是这个道理。

前几年笔者在学习混沌学园的课程时，深受李善友教授的认知理论影响。笔者结合自身工作实践经验以及对人生的理解，把人们对世界的认知分为四个层面，它们依次是：感性认知、模型思考、演绎思维、觉醒智慧，它们的关系如图1-13所示。

第一章 锦囊1：管理者认知思维再突破

```
觉醒智慧  ↑
          │ 彻悟
演绎思维  ↑
          │ 跃迁
模型思考  ↑
          │ 破圈
感性认知  ↑
```

图 1-13　认知世界的四层次

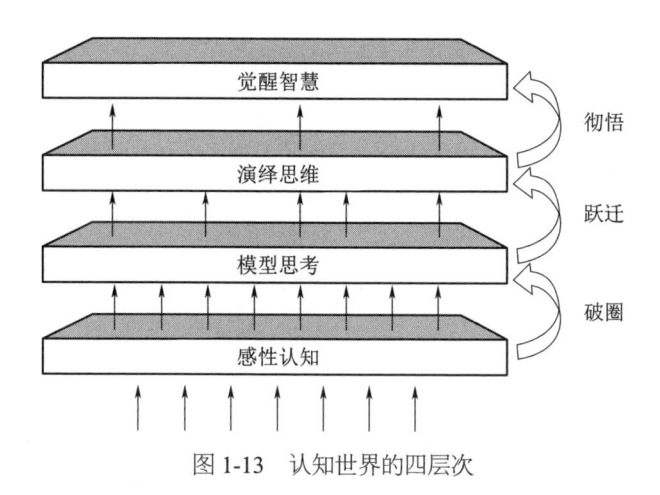

2. 第一层：感性认知

感性认知，即人类通过进化过程中形成的各种生理学神经功能来感知这个世界。

比如，眼有视觉神经，耳有听觉神经，鼻有嗅觉神经，舌有味觉神经，身有感触神经，意有脑神经。它们都是心与物之间的媒介，也就是我们常说的六根：眼、耳、鼻、舌、身、意。

人在刚出生时，眼、耳、鼻、舌、身、意并不能完全感知这个世界，一切都是自然的流露，想要一件玩具而又得不到时，就会放声大哭。可是随着年龄的增加，我们的大脑里慢慢就被很多框框/条规所填充，并不断地赋予各种不同的内涵和意义。由于我们所看到的世界都是大脑主观形成的，此时每个人眼中的世界都是不同的。

比如你看到一辆车子，你心中想的绝对不仅仅是车子本身，你会说这是一辆"黑色"的车子，或者"价值百万"的车——总会给它加一个形容词。

甚至当你看到一个抽象的东西，比如字母"Q"。如果你联想到QQ，会有一种亲切感；如果你联想到"阿Q"，还会想到别的内容。

我们以自我为中心观察世界，慢慢地把内心本真的东西掩盖起来。于是善恶来了、是非来了、黑与白也来了，每一个人都戴着面具在生活！

法国18世纪启蒙思想家卢梭曾感叹说："人生而自由，却无往不在枷锁之中。"从这个角度看"求存"远胜于"求真"。

比如，黑暗让人恐惧，而恐惧让人们对未知事物害怕，让我们处于紧张不安中，而这正是"求存"所需要的。我们必须通过"打或跑"来脱离危险，让自己尽可能地有机会"活下去"。

感性认知让我们的知识存储在大脑里，存储得越多，证明对这个世界了解越多！但通过感性认知获得的经验和常识又会让我们形成固有思维。下面这则案例就隐喻了感性认知对我们的影响。

——案　　例——

"法官大人，有人说我长得像河马，我可以告他恶意中伤诽谤吗？"

"当然可以，他什么时候说你长得像河马的？"

"三年前。"

"什么？三年前的事你现在才想起告他？"

"法官大人，是这样的，以前我不知道河马长什么样，直到昨天我才见了河马！"

很多人以为，成年人到了一定年龄就会变得理性且成熟。但其实，社会上有部分成年人只是本能地通过感性认知了解这个世界并就此度过了自己的一生。他们的认识半径非常短，每天只是在重复他们关心的三件事情：对自己安全否、有利益否、有趣否。

他们习惯站在自己的认知角度（也叫"窗户"）选择性地看世界，然后收集证据去证明自己所看到的是对的，并用自己的标准评判一切，眼见为实是他们判断事物的唯一标准！

他们习惯性盲从，有特别强的从众心理：别人是怎么做的？别人说这部电视剧好看，就认为一定好看；别人都去买的衣服，就认为一定流行；别人说这件事情正确，就一定正确。

他们不爱学习，也不思考如何才能更好地解决问题和创造价值；他们总是非常容易形成各种规矩和信条。挂在嘴边的话经常有：这个我不会。曾经有一位名家说过这样一句话：如果一个人，只相信自己眼睛看到的东西，那么这个人的思维能力也一定有限。

3. 第二层：模型思考

前面我们说过，有一部分人在思考的时候，用眼睛来看外部的世界，这说明他们还停留在感性认知层面。但也有一些人能够"破圈"，能从更深的视角看到事物的更高层，他们采用的方法就是认知世界的第二层：模型思考。

这里先来讲一个趣闻：中国有八大菜系，读者朋友们知道是哪八大菜系吗？一般来说，大部分人可能只能讲出五六个，或者勉强凑到八个。

笔者是这样记的，通过中国地形图的沿海和沿江两条主线来记忆，沿海线：从北边往南边数，北边鲁菜、苏菜、浙菜、闽菜、粤菜；沿江线：川菜、湘菜、徽菜。这样，八大菜系就记住了！

所谓模型，是对真实世界的一种主观抽象描写。模型是通过严谨的定义、归纳总结或者数学逻辑关系，获得精确交流、解释、判断、设计、预测、探索的思考框架。这种思考框架，可以帮助人们理解事物、解决问题，通常用简单易懂的图形、符号、结构化语言来呈现。

当我们有了模型思考后，就相当于有了一个认知世界的基本面。我们通过自己的经验和跨界迁移思考的能力，可以对世界的认知更宽更深。在实际工作中，管理者也可以运用许多模型来思考问题。比如，"人机料法环"鱼骨图解决问题模型，如图1-14所示。

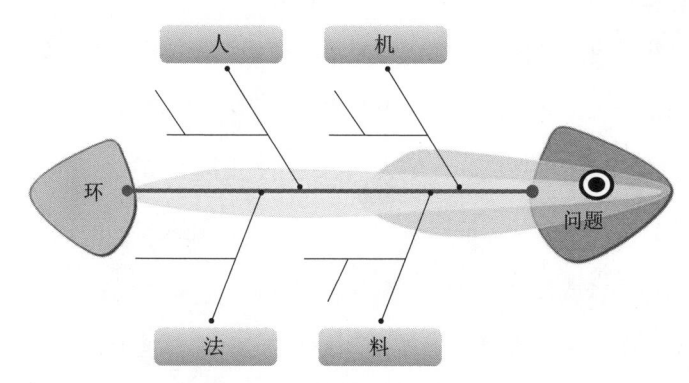

图1-14 "人机料法环"鱼骨图

再比如，单店营业额PITA模型（见图1-15）。

Population 人流量 × Incidence 购买率 × Transactions 购买数量 × Amount 购买金额 = 零售商营业额

图 1-15 PITA 模型

比如，员工保留"薪心相印"模型（见图 1-16）。

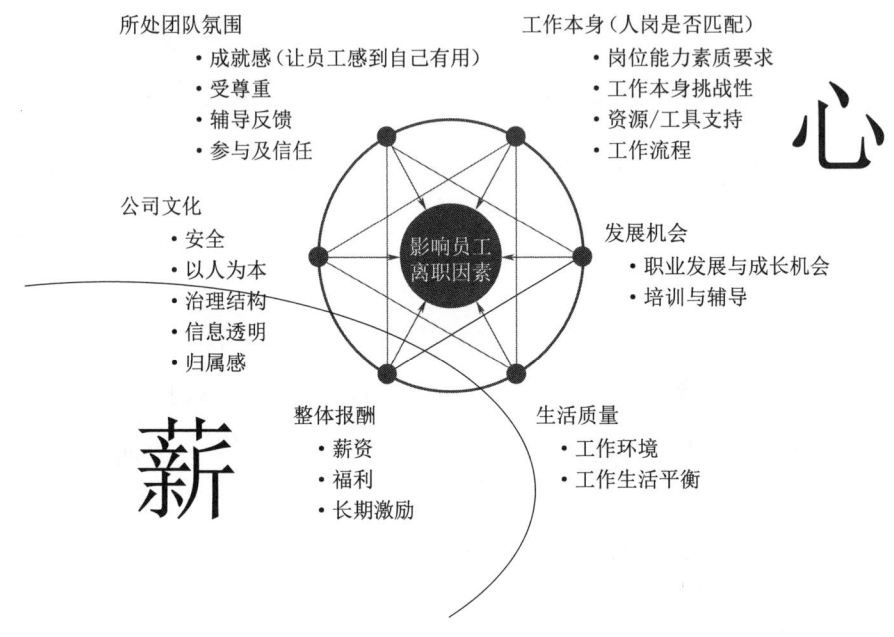

所处团队氛围
- 成就感（让员工感到自己有用）
- 受尊重
- 辅导反馈
- 参与及信任

工作本身（人岗是否匹配）
- 岗位能力素质要求
- 工作本身挑战性
- 资源/工具支持
- 工作流程

公司文化
- 安全
- 以人为本
- 治理结构
- 信息透明
- 归属感

影响员工离职因素

发展机会
- 职业发展与成长机会
- 培训与辅导

整体报酬
- 薪资
- 福利
- 长期激励

生活质量
- 工作环境
- 工作生活平衡

薪 心

图 1-16 "薪心相印"模型

模型思考为什么被很多人喜欢？因为模型思考可以帮助人们理清思路，透过现象看到规律，这样就可以对现实有更多的掌控感。

为什么有些人更愿意依赖感性认知而不是模型思考得出答案呢？

原因也非常简单，凭感性认知得出答案简单易行，不用消耗更多能量。而模型思考需要人们不断观察和总结，需要人们有很好的耐心、定力和相对客观的态度。在对一个问题反复思考为什么的时候，其过程需要消耗大量的能量。善于通过模型思考的人，大概率会成为该领域的专家和高手。

作者水木然在《深层认知》一书中曾这样写道："那些掌握某一个领域节律的人，都是非凡之人。声音有节律，掌握声音节律的人是歌手、钢琴家等；色彩有节律，掌握色彩节律的人是画家、设计师等；文字有节律，掌握文字节律的人是小说家、散文家等；运动有节律，掌握运动节律的人是足球明星、游泳冠军等；生命有节律，掌握生命节律的人是养生名家、名医等；社会有节律，掌握社会节律的人是经济学家、哲学家等；人性有节律，掌握人性节律的人是政治家、管理者等；商业有节律，掌握商业节律的人是投资家、企业家等。"

查理·芒格说："只要有80~90个思维模型，就能解决生活中90%的问题"。当然，我们要承认，每个模型都只能解决一部分领域内的问题，越具体的模型越好用。如果说感性认知是"认为自己的想法是对的"，那么模型思考就是"我怎么知道自己是对的"。

4. 第三层：演绎思维

我们先来看一个俗语：一个篱笆三个桩，一个好汉三个帮。

不知读者朋友们有没有发现上面这句俗语的破绽？如果没有，说明你的认知世界还没到达第三层：演绎思维。

演绎思维是指，当你遇到事物或问题时，能用逻辑演绎的思考方式理解事物规律背后的因果关系，并看清事物的本质。其基础是哲学基础以及逻辑推理知识。

牛顿，是享誉世界的物理学家、数学家、天文学家、自然哲学家，被誉为"近代物理学之父"。他详细地阐述了万有引力和三大运动定律，开辟了大科学时代，奠定了此后三个世纪力学和天文学的基础。

他的著作《自然哲学的数学原理》（也就是这本书里阐述了万有引力以及三大运动定律），足见哲学思想和数学推理对于牛顿在科学上成就的影响！

哲学起源于古希腊时期，第一个有记载的哲学家是泰勒斯。他认为哲学是对世界基本和普遍问题研究的学科，是关于世界观的理论体系。

哲学发展到今天，随着科技进步以及学科分类越来越细，原本属于哲学的研究范畴已被分散在各个更加精细的学科里。比如，"我们从哪里来"，遗传学家接手了这个问题；"宇宙的本源是什么"，物理学家接手了这个问题；而偏重文科的其他哲学内容，大多也被语言学、逻辑学、心理学接手了。

柏拉图（前427—前347），著名的柏拉图学园创建者。他深信：从事数学研究能够锻炼思维，这是哲学家和治理"理想国"者必须具备的基本素养。柏拉图学院主要开设四门课程：数学、天文、音乐、哲学，甚至在其学院门口的一块牌子上写着"不懂几何者，不得入内"。

后世的伟大哲学家罗素（1872—1970）认为"逻辑是哲学的本质"。真正的哲学问题都可以归结为逻辑问题，以数理逻辑为基础的语言是一种在逻辑上完善的语言，这种语言完全是可分析的，即逻辑分析的方法。这种方法可以帮助人们了解和看清这个世界。

一个人如果在工作中具备一定的逻辑思维能力，可以将事情化繁为简，并直达问题的本质，做起事来提纲挈领！

大家有没有发现一个秘密：但凡大公司CEO或一把手，其演绎思维能力都比较强，当听取员工汇报时，他们的大脑已经在思考相关业务的逻辑和规律，并随时对不符合逻辑演绎、有异样的内容提出疑问。

管理学的背后是组织行为学，行为学的背后是心理学，心理学的背后是哲学，而哲学的本质是逻辑！

如果说模型思考是"我怎么知道自己是对的"，那么演绎思维就是"我为什么知道自己是对的"。

5. 第四层：觉醒智慧

当你走到这一层时，已可将万事万物之间的关系以及变化规律悉数了然于心：别人关注的是直观感受，而你关注的是自己和外在事物之间的关系；别人关注的是变化（无常），而你只关注不变；此时的你已能快速把事情大道至简，并找到最核心的规律。

就比如看到一朵花在岩石边绽放，许多人看到后会立刻想："这朵花的颜色好美，我从来没有看过这么美的花！"而此时的你会微笑地认为：花就是花，这是自然界的产物，花可以引申出很多含义。

新东方的俞敏洪经历了事业的起起落落，曾感悟道："和宇宙洪荒相比，人的生命本身十分短暂，一眨眼、一瞬间，我们的肉体就已经灰飞烟灭。所以也许终点并不重要，所有人的终点其实都一样，重要的是我们是否在自己拥有的瞬间里，让生命得到解放，并舒畅自由地开放。"

全球首富亚马逊前CEO贝佐斯在一次演讲中讲道："人们经常问我，未来10年什么会被改变？我觉得这个问题很有意思，但也很普通。可是从来没有人问我，未来10年，什么不会变？"贝佐斯在演讲中确认了三件在零售行业里不会变的事：低价、更快捷的配送、更多的选择。随后把亚马逊大部分资源都投入在做好这三件事上，亚马逊后面的事实证明这个思考是多么的成功！

万变不离其宗，别人关注变化，当你的认知开始关注不变时，你已能快速抓住和看清事物的本质，并且在行动中能做到随心所欲！

6. 努力提高自我认知层面

当一个人的认知达到一定高度时，对世界的看法是完整的、自洽的，而不是碎片的、点状的。国内学者王东岳先生曾在其讲座中谈道："有效的学习必须是以提升认知层面为目的。"孔子表扬弟子颜回有两个非常好的品质：第一，不迁怒；第二，不贰过。

"不迁怒"，是指自己受伤害后，从不寻找替代物出气，从不抱怨，而是主动为错误承担责任。

"不贰过"，是指同样的错误不重复犯第二次。

如果我们看不到自己可以改进的地方，最终的结果就是无法进步。只有那些愿意改进和思考的人，方能让自己的认知更上一层楼，从而领略更多的风景！

八、关于逻辑的基础知识

1. 为什么柏拉图学园门口写着"不懂几何者，不得入内"

柏拉图认为几何学是一门关于抽象逻辑思维的学问，学习几何就相当于掌握了逻辑能力，就知道如何进行正确的演绎推理。当然，柏拉图那个时代并没有"逻辑"这个词，这个词是其弟子亚里士多德提出的。

亚里士多德在总结前人（包括苏格拉底、德谟克里特、柏拉图等）研究成果的基础上，第一次全面、系统地讨论了逻辑的各种主要问题，并创建了"形式逻辑"这门科学。因此，亚里士多德也被后世称为"逻辑之父"。其著作《工具论》包含"范畴篇""解释篇""前分析篇""后分析篇""论题篇""辩谬篇"六部分，全面系统地研究了人类的思维、范畴、概念、判断、推理、论证等问题，是逻辑学的里程碑著作。

在中国，先秦时代是诸子百家争鸣、论辩之风盛行的时期，逻辑思想在当时被称为"名辩之学"。大家熟知的"白马非马"就是战国时期公孙龙提出的一个逻辑问题。

对于管理者而言，掌握一些逻辑的知识，可以帮助管理者更好地做决策以及解决问题，比如，是否偷换概念、过程是否合理等。

从某种意义上讲，掌握逻辑思维能力是道，道是战略；而具体做事的方式方法是术，是实践工具与方法，是战术。

有道无术，术尚可求；有术无道，止于术。可见逻辑思维能力的价值！

2. 逻辑的四种基本规律

规律，就是物质运动过程中固有的、本质的、稳定的联系，决定着事物的发展方向。它是客观存在的，不以人的意志为转移。人们在认识和改造客观世界的过程中，必须遵循一定的规律。

逻辑学的四大基本规律有同一律、矛盾律、排中律、充足理由律。具体如下：

①同一律：指事物只能是其本身。

举个例子：

酒店大堂里，听着优雅的钢琴声，母亲跟女儿说："当初你要是听我的，好好练琴，你也可以弹得这么好听。"女儿回答："我要是听你的，今天就坐在这里弹琴，每天就赚两三百元。"

在这个例子中，母亲和女儿说的不是同一件事：母亲说的是"弹钢琴的行为"，而女儿说的是"弹钢琴的目的"。

——案　例——

某日，公孙龙骑着白马去某城探望朋友，回来时在城门处被城卒拦了下来。城卒指着城门口贴着的告示说："先生，骑马进城要交钱。"公孙龙赶紧下马，准备牵着马进城。

城卒还是拦着他说："先生，马如果进城，就要交钱。"

公孙龙非常不高兴，他拍了拍马的脖子说："我这匹是白马，不是马。"

城卒耐心地解释道："上面规定，所有的马进城都要交钱。"

公孙龙指着告示说："我已经认真看了，告示上说的是马进城要交钱，并没有说白马进城要交钱。"

城卒奇怪地看着公孙龙问道："先生，白马不是马吗？"

公孙龙反问道："难道白马是马吗？"

城卒肯定地说："白马当然是马，这毫无疑问。"

公孙龙笑了："好，你认为白马是马，那么黄马、黑马是不是马？"

城卒点了点头说："黄马、黑马都是马。"

公孙龙笑道："既然如此，那么你告诉我，白马是黑马还是黄马？"

城卒摇了摇头说："白马就是白马，怎么会是黄马、黑马？"

公孙龙依然笑容满面地说道："刚才你已经确认黄马、黑马是马，现在又确认白马不是黄马、黑马，那么白马怎么会是马呢？难道白马是黄马、黑马吗？"

城卒立刻怔住了，只能眼睁睁地看着公孙龙牵马扬长而去。

②矛盾律：是指某一事物在同一时刻，在同一方面不可以既是这样又是那样。

关于矛盾律，读者朋友们最熟悉的应该是《韩非子·难一》里所讲的"自相矛盾"的故事。

——案　　例——

　　楚国有个卖矛又卖盾的人，他首先夸耀自己的盾，说："我的盾很坚固，无论什么矛都无法穿破它！"然后，他又夸耀自己的矛，说："我的矛很锐利，无论什么盾都能被它穿破！"有人问他："如果用你的矛去刺你的盾，会怎么样？"那个人被问得哑口无言。

　　再举个例子：

　　有一天，有一位年轻人拜访爱迪生，表达自己对爱迪生的崇拜和敬意，并希望能到他的实验室里工作。爱迪生于是问他："那您希望在哪个方面有所创新和发明呢？"年轻人激动地说："我要发明一种万能液，它可以溶解任何东西。"爱迪生惊奇地看着年轻人说："您真了不起，不过，请问您打算用什么东西来装它呢？"年轻人顿时语塞。

　　③排中律，其实是矛盾律的延伸，指的是同一思维过程中，互相否定的两个思想不能都为假，其中必有一个为真。

　　举个例子：

　　"这支笔是红色的"和"这支笔不是红色的"；"所有的天鹅都是白色的"和"有的天鹅是黑色的"；"所有的金属都不是液体"和"有的金属是液体"。这三组两相矛盾的论断，每一组的两个判断，不能同假，必有一真。用现在的语言来理解是指不能"和稀泥""模棱两可"。

—模棱两可的故事—

　　唐朝曾有一宰相叫苏味道，是宋朝文学家苏轼先祖。其在任时，处事圆滑老到、不轻易做决定、不表示明确态度，是一位地地道道的处世圆滑的老世故。苏味道曾经对人说："处事不要决断明白，如果有错误，必会受到追责，只需模棱以持两端即可。"因此当时的人送给苏味道一个外号，称为"苏模棱"。成语"模棱两可"就诞生于此。

　　④充足理由律（因果律）：也叫因果律，是指在同一思维过程中，任何一种思

想被断定为真,必须具有真实的充足理由,而且理由结论要具有必然的逻辑关系。我们常说的"信口开河""听风就是雨",就是根据片面或错误的理由得到的推断。或者有时干脆连理由都不需要了,直接诉诸强权、武力,迫使对方接受自己观点谬误。成语"指鹿为马"的故事就是典型的诉诸权力的例子。

—指鹿为马的故事—

公元前210年,秦始皇去世,太子胡亥继承皇帝,称秦二世。宦官赵高为胡亥登上皇位立了大功,当了丞相。但赵高并不满足,想篡夺皇位。他担心文武百官不服,于是想了一个办法。一天,赵高趁群臣朝拜秦二世时,让人牵来一只鹿献给秦二世,说:"这是一匹好马,我特意敬献给陛下。"秦二世左看右看,这明明是一只鹿,便笑着说:"丞相弄错了吧?这是一只鹿,怎么说是马呢?"赵高说:"这是一匹好马,陛下不信,可以问问大臣们,这到底是鹿还是马?"大臣们有的惧怕赵高的权势,不敢作声;有的为了讨好赵高,就阿谀奉承地说:"这确实是一匹好马!"也有的大臣直言不讳地说:"这明明就是一只鹿。"事后,那些说是鹿的大臣,都被赵高陷害。

九、管理者必备的逻辑方法:区分&MECE工具

1. 逻辑中的概念和判断

(1)概念:

概念是人们在认识事物的过程中,对"这种事物是什么"的回答。它是大脑对客观世界的反映。概念是思维的最小单位,是构成判断和推理的细胞。

概念有内涵和外延之分。概念的内涵表明反映的"是什么",而概念的外延则指的是"有什么"。

举个例子:

当我们说"学校"这个词时,概念的内涵是指"有计划、有组织地进行素质教育的机构",而概念的外延则是指不同种类的学校,包括如大学、中学、小学、幼儿园等。

在逻辑学里，概念还可能有许多分类，比如根据概念外延的数量进行分类，可以分为单独概念、普遍概念、空概念，感兴趣的读者可自行寻找相关的逻辑图书进行学习。

总之，当你与其他人谈概念时，双方最好谈的都是同一概念，以免引起不必要的麻烦！概念都没弄清楚的沟通和讨论是极其浪费时间的。《礼记·大学》里说"致知在格物"，所谓格物，就是弄清楚定义，弄清楚概念。

还记得前面同一律里提到的"白马非马"的故事吗？城卒指的"马"，概念是指马的内涵，包括所有各式各样的马，而公孙龙指的"马"，概念是指马的外延，专指他骑的白马。

马的内涵当然包括马的所有外延，公孙龙却歪曲利用逻辑概念，以诡辩的方式忽悠了不懂逻辑的城卒。

不知读者有没有发现，在各种辩论赛里，当一方抽到对自己不利的辩题时，其有效的策略并不是辩过对方，而是面对观众不断地对己方的辩题重新"定义"，从而让观众相信自己的辩题是意义和价值的。

（2）判断：

谈完概念，我们来谈判断。那什么是判断？先看下面这几句话：

中国是一个发展中国家；

实践是检验真理的唯一标准；

我们班一共有四十三位同学；

大学生难道不应该刻苦学习吗？

以上这四句就是四个判断。

逻辑学上的判断是由若干概念组成的，是对思维对象有所断定的思维形式。

判断也有许多分类，比如直言判断、关系判断、联言判断、选言判断等，感兴趣的读者仍可自行寻找相关的书籍进行学习。

和概念一样，不同的人对于判断的理解和定义是不一样的，所以有的判断对于不同的人会产生结构歧义，举个例子：

"他看错了人"这个判断可能有两种意思：

第一种意思，指他的眼神不好，认错了人，把张三当成了李四。

第二种意思，指他衡量人的能力、意愿或品格眼光不好，把此类人当成了另一类人。

因此，在谈判断时，双方谈的最好都是同一判断，这样不容易产生歧义。

2. 区分——把概念和判断弄清楚

先来看下面这个故事：

某主管看见员工在抽烟，于是对员工说："工作时候不准吸烟。"

员工此时对主管说："对啊，所以我吸烟时不工作。"

许多人看到这个故事，还觉得员工很机智。殊不知，员工是刻意混淆概念。在这个语境里，主管说的工作是指"工作时段"，而员工所说的工作指的是"工作中的动作"。

所以说，不同人对于概念、判断的理解认知是不一样的，管理者必须掌握逻辑思维里的一把利器——区分，把概念、判断先区分清楚。

区分，就是把不同的事物分门别类、清晰明了地多维度、分类分级地剖析，并且清楚地知道它们分别是什么，有什么特点，用格子一块块地分开，逐个深入了解。

比如，我们根据企业所有制简单做个划分，可以分为国企、民企、外企。它们又可以继续往下分，比如外企可以分为美资、英资等，如图1-17所示。

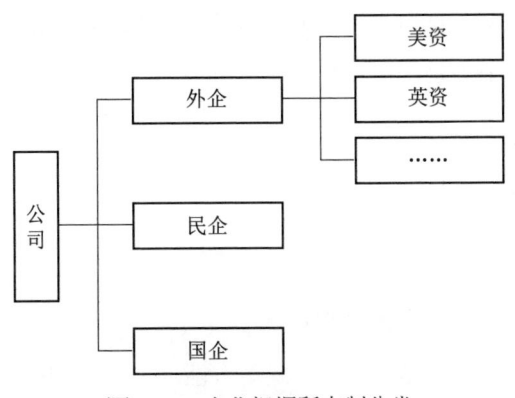

图1-17　企业根据所有制分类

区分能力越强，对事物了解就越通透，我们常说的洞察力其实就是指的区分能力。但在现实工作中，许多人却无意混淆了概念和判断，从而产生困惑与疑义。

许多人在表达时会混淆事实与观点，所以听者在一开始就需要区分清楚，这样非常有益于双方的沟通。比如：

"北京是中国的首都"——这是一个事实。

"今天气温达到35摄氏度"——这是一个事实。

"今天太热了，简直快把人热死了"——这是一个观点。

著名商业顾问刘润老师在其书《底层逻辑》中讲的"注射式洗脑"，其实就是把观点当成事实的典型例子。

"注射式洗脑"的句式为：为什么+陈述。比如"为什么老人都很固执"？

每当人们看到"为什么"后，就只关注到后面的观点，并且会把它当成一种事实，然后顺着找原因，你很自然地会想："是啊，为什么呢？是因为年纪大了就会难改变？"当你开始找原因时，这个观点就已经"注射"进了你的大脑。

但问题是，"老人都很固执"只是一种观点，谁说"老人一定就会固执"？有科学依据吗？可信吗？

所以，不同人的概念和判断是不一样的！但有些狡猾的人会采用这种方式，大家需要警醒！

以下是类似"注射式洗脑"的例子，也请读者朋友们辨别：

为什么胖的人相对比较懒？

为什么直播带货销量高？

为什么跑步会伤膝盖？

为什么读书总是记不住？

为什么我这么爱你，你却要离开我呀？

不要轻易地把"观点"当"事实"，尽可能地去追求和接近事实。

接下来的案例帮助大家更好地了解区分的运用：

第一章 锦囊1：管理者认知思维再突破

——案　　例——

销售经理跟踪销量进度，问某位销售业务代表进度落后的原因。

销售业务代表说："天气不好，市场大环境也不好，客户都不下订单。"

销售经理回应："是什么渠道的哪些客户不下订单？"

在案例中，销售经理很好地运用了区分的能力，把客户做了区分，把双方的关注点聚焦在可以落实行动的事情上。

——案　　例——

人饿了要吃饭，这是自然；

但吃什么，却是一种习惯；

而人们常常把习惯当自然。

自然与习惯是两个不同的概念，但人们却常常混淆这两个概念，把习惯当成自然。比如下面这几句话：

做销售，就是要擅长交际、会喝酒。

管理者就是应该正襟危坐、一本正经、不苟言笑。

员工管理，就是要控制员工的一言一行。

工作中类似的例子，比比皆是，习惯≠自然。

作为练习，也请读者朋友们区分图1-18中几组词的概念：

第一组	爱	喜欢
第二组	痛	苦
第三组	借口	原因
第四组	做不到	不愿意
第五组	包容	包庇
第六组	宽容	惩罚

图1-18　几组词

2. MECE原则的运用

麦肯锡的资深咨询顾问芭芭拉·明托在《金字塔原理》一书中，第一次把"区分"这一逻辑思维利器清晰地表达出来，只不过她用的名词是 MECE 原则。

MECE（Mutually Exclusive Collectively Exhaustive），即相互独立，完全穷尽。相互独立是指，同一维度的各要素明确区分、不会重复；完全穷尽是指，向下细分的所有要素要全面、完整，不能遗漏和缺失。

举个例子：

人可以分为男性、女性，这样就做到了相互独立、完全穷尽，做到了无遗漏、无重复。但如果把人分为老年人、中年人、青年人的话，是无重复，但有遗漏，因为还缺少儿童。

MECE 的价值就是运用逻辑的区分工具将一个重要的议题分成若干类，这些分类之间不重叠和干扰，也无遗漏。关于 MECE 的运用及方法，我们会在第五章问题解决力时重点详谈。

十、管理者必备的逻辑方法：归纳法 & 演绎法

1. 归纳法

前面我们讲了概念和判断，并建议管理者用"区分"这把逻辑利器把生活和工作中的各种概念和判断分辨清楚，以确保谈话双方谈的是同一概念或判断。同时可以有效识别员工是否定义不清、偷梁换柱、混淆是非，以及是否模棱两可。

接下来，我们就谈谈人们最常用的两种逻辑推理方法：归纳法、演绎法。

归纳法就是以个别性认识为前提推出一般性认识为结论的方法。

举个例子：

欧洲的天鹅是白色的；

非洲的天鹅是白色的；

亚洲的天鹅是白色的；

第一章 锦囊1：管理者认知思维再突破

……………

所以，全世界的天鹅都是白色的。

归纳法又分完全归纳法和不完全归纳法。完全归纳法通常适用于数量不多的事物；当事物数量极多，或者无法穷尽时，则需要运用不完全归纳法。

归纳法是几千年以来，人们默认都会使用的思维方法。因为它简单、实用，只要把具备某种相同属性的事物一一列举出来，然后寻找它们的共通点即可。比如我们生活中经常听到的谚语或诗句都是归纳法的例子：

瑞雪兆丰年；

础润而雨，月晕而风；

鸟低飞，披蓑衣；

龙生龙，凤生凤，老鼠的儿子会打洞；

人有悲欢离合，月有阴晴圆缺，此事古难全。

归纳法在科学领域中运用也非常广泛。17世纪，英国哲学家弗朗西斯·培根在《新工具》一书中首次提出科学主义归纳方法，因此归纳法也被称为"培根法"。培根认为"科学工作者应该像蜜蜂采蜜一样，通过搜集资料，有计划地观察、实验和比较，揭示自然界的奥秘"。

归纳法之所以成为人们习惯使用的思维方法，是因为这是一种非常节约能量的方法，有利于人类进化过程中的生存。要知道，"为了活下去，能不消耗能量就不消耗能量"是人类进化DNA的底层逻辑。

可未来（或未知）的世界未必与过去或者现在的世界相同，由过去或现在归纳得出的规律（也可以叫模型）可能在未来也不一定仍然成立。

这里我们还是举天鹅的例子，欧洲的天鹅是白色的，非洲的天鹅是白色的，亚洲的天鹅是白色的，就能得出全世界的天鹅都是白色的吗？

不一定，因为后续的事实告诉我们，在澳大利亚就存在黑色的天鹅！

归纳法有积极的一面，可以帮助人们快速掌握一定的规律，这对追求"求存不求真"的人类进化过程有着重要的作用和价值。

但作为个体的我们，必须认知到归纳法有时会让我们落入思维的禁锢里：除完全归纳外，即使所有前提都是正确的，也无法确保总结得出的结果一定为真！现在，我们一起来看下面这个故事。

——案　例——

有一次，苏东坡去拜访王安石。恰巧王安石要出门，就让家仆把苏东坡请到书房等候。苏东坡走进书房，发现桌子上有两句王安石写的诗："昨夜西风入园林，吹落黄花满地金。"

苏东坡一看这两句诗，心底想："菊花本就在秋天开放，有那么容易被秋风轻易吹落吗？"为了展示自己的才华，苏东坡提笔在诗后面补了两句"秋花不比春花落，留于诗人仔细吟"。然后转身离去。

后来，苏东坡因"乌台诗案"被贬到黄州任团练副使。重阳赏菊之日，看到满园中菊花纷纷飘落，才知道王安石那两句诗并没有写错，只是自己见识不足而已。

在上面这则故事里，苏东坡根据自己的见识，归纳得出"所有的菊花都是枯萎而不是飘落"的错误结论，认为王安石的诗写错了。可见，前提的真实并不一定能推出真实的结论。

2. 推理之演绎法

逻辑推理的另一个主要方法就是演绎法。演绎法是从一般性的前提出发，通过推导（即"演绎"），得出具体陈述或个别结论的过程。举个例子：

小明喜欢所有周星驰演的电影；

《大话西游》是周星驰的代表作之一；

············

所以，小明喜欢《大话西游》。

演绎法的基本要求有二：一是大、小前提的判断必须是真实的；二是推理过程必须符合正确的逻辑形式和规则。演绎法的正确与否首先取决于大前提的正确与否，如果大前提错了，结论自然不会正确。比如这个案例：

所有的花都是红色的；

梨花是花；

…………

所以，梨花是红色的。

这个案例里，演绎的外在形式正确，过程也遵守了逻辑规律和规则，但得出的结论却是错的，因为大前提"所有的花都是红色的"的判断是错的，所以结论不正确。这个案例其实用的就是非常有名的三段论演绎法。

三段论演绎法的经典句式是由古希腊哲学家亚里士多德所创建，亚里士多德认为，从一件事物推导出另一件事物，中间存在一个必然的导出，而这个导出的过程就是所谓的逻辑。

三段论，顾名思义有三个组成部分，分别是大前提、小前提和结论。在大前提和小前提正确的基础上，结论必然成立。下面可以用一个经典的三段论句式来说明。

所有的人都会死；

亚里士多德是人；

…………

所以，亚里士多德会死。

三段论演绎法以"三段论的公理"为依据进行演绎，即对一类事物的全部有所肯定或否定，就是对该类事物的部分也有所肯定或否定。

如果用图形来表示的话，就是这个意思：如果 M 等于 P，而 S 等于 M，则 S 等于 P [见图 1-19（a）]；如果 M 不等于 P，而 S 等于 M，则所有的 S 也不等于 P [见图 1-19（b）]。

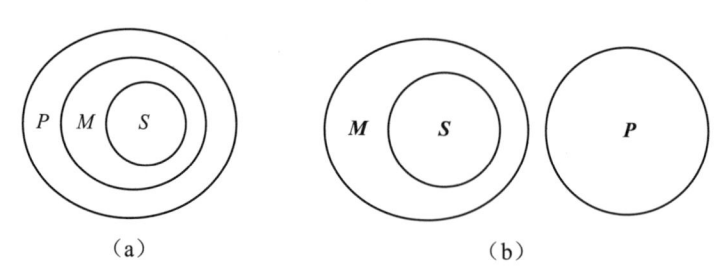

图 1-19 三段论演绎法

3. 第一性原理

第一性原理（First Principles）最早由亚里士多德提出。他是这样表述的："在每一个系统的探索中都存在第一性原理，这是一个最基本的命题或假设，不能被省略或删除，也不能被违反。"

第一性原理告诉我们：看透事物的本质，要从源头解决问题，回归到事物本源去思考基础性的问题。

混沌学园的李善友教授在《第一性原理》曾引用斯坦福大学张首晟教授的课堂内容。张首晟教授认为在人类各领域有八条重要学科的第一性原理，它们分别是：第一，哲学领域的原子论；第二，数学领域的欧氏几何；第三，生物学领域的自然选择；第四，经济学领域的"看不见的手"；第五，政治学领域中的"人人，生而平等"，第六～第八，物理学领域的 $E=MC^2$、熵增定律和量子力学的测不准原理。

第一性原理以及演绎法为什么在人类思想史上如此重要？因为人类文明的进步是建立在系统思考上，而系统思考的基础是常识和逻辑，不合逻辑必有问题，超越常识就是骗局。

区分、归纳法以及演绎法是日常工作中常见的逻辑思考方法。作为管理者，无论是在解决问题，还是与人沟通，有效运用这三个逻辑思考方法，可以提高逻辑能力，更快认清事物的本质和规律，从而在工作中做到了然于胸、从容不迫、高瞻远瞩！

十一、幸福的三个维度——写给管理者的话

1. 从萨缪尔森的幸福方程式说起

每一个人都希望拥有幸福美满的人生,不过不同的人对幸福的理解也是不一样的。

据说哈佛大学最受欢迎的选修课是《幸福课》,讲授课程的夏哈尔教授在回答"我们来到这个世界上,到底追求什么才是最重要的"这个问题时,坚定地认为:"幸福感"是衡量人生的唯一标准,是所有目标的最终目标。并且,他还列出了幸福的六要素:①选择自己认为有意义并感到快乐的工作;②亲密的人际关系;③接受自己是普通人;④追求简单生活;⑤保证睡眠;⑥帮助他人。

经济学家萨缪尔森也曾提出过一个"幸福方程式":幸福 = 效用 ÷ 欲望。

他认为幸福与效用成正比,与欲望高低成反比。其中,效用表示从消费物品中得到的主观享受或满足,而欲望表示想要的东西以及想达到的目标。

从理论上来讲,欲望一定的前提下,效用越高,幸福感越强。而当效用既定时,欲望越小越幸福。然而人的欲望往往总是"欲壑难平",而对欲望的解决之道,其实就是自知和自律。

萨缪尔森的"幸福方程式"是从经济学的角度出发思考问题的,简洁、易于理解,但如果对照哈佛大学公开课中《幸福课》里的六要素,许多要素似乎又没有完全包含进去。比如,健康的体魄、亲密美满的家庭生活、带来乐趣的工作、受到别人和社会的尊重,等等。

对每一位管理者而言,工作的目的是更幸福地生活。如何更幸福地生活?笔者在萨缪尔森的"幸福公式"基础上,特别提出以下公式来启发大家思考,幸福 = 社会价值排序 × 自我认知 × 健康。

2. 幸福的第一个维度:社会价值排序

下面,我先从人类进化这个角度来看待这个问题。

在人类进化过程中,"活下去""把 DNA 传下去"是每个人的最高使命。在

食物匮乏、生产力极其低下的进化过程下，群体生活则是必然的最优选择。

随着群体生活的进化，慢慢地，出现了社会阶层。社会阶层呈一个巨大的金字塔结构，有无数个层级。越往上，社会阶层越高，其社会价值排序就越靠前，越靠前其掌握的社会资源就越多，当危机来临时，其活下去的可能性就越大！

而现代社会里，社会价值排序越靠前，其社会资源（权力、地位、出身、文凭、名望）就会越多。

对于在职场里的管理者来说，在追求幸福的路上，如何才能改变自己的社会价值排序（哪怕只是几个层级的改变）呢？

对于创业者，把公司做大做强，甚至 IPO，则是帮助自己跨越好几个层级的社会价值的有效方法。对于职场人士而言，职位提升是提高社会价值排序的唯一方法。从职员晋升到主管、部门经理，社会价值排序迈出了一小步；而从部门经理到总监、副总则又是一次质的飞跃；从总监、副总到总经理、CEO/总裁则是走到了职业经理人的天花板，越往上越难。

怎么办？那就要在自己喜欢且擅长的领域上把事情做到极致，努力创造与他人的差异化！只有这样才有机会让自己的职位（或职级）不断得到提升，实现自我与企业的双赢！要知道，一个人如果能尽快确信自己最擅长的是什么，这种幸福不亚于确信自己找到最心爱的另一半。

吴军老师曾说，真正的成长应该是指数型增长。要想获得指数型增长就必须不断地限制自己，只做自己喜欢且擅长的事，倾尽自己的才华和精力把它做到极致。

但许多职场人士在这个过程中犯了一个很严重的错误：错把平台当本事，把平台的影响力当实力！不要把平台资源当成你的能力，只有借着平台的资源不断提升自己，修炼好自己，才是管理者在职场中最大的智慧。

雨季长叶子，旱季长根系，管理者时时都要有深耕自己专业的意识。弱者把平台成绩当能耐，强者把平台当修炼场。只有离开平台的光环，剩下的才是你的真本事，才有可能让你维持住你的社会价值排序。

因此，对于职场中的管理者来说，有机会随着职位的晋升改变自己的社会价值排序是一件愉悦的事情，会给你带来被尊重感和成就感。

但有以下几点特别值得注意：

① 不要仅仅为了钱去做自己不情愿的事情，它不具有可持续性。要想成为细分领域的专家，需要一定的兴趣与爱好，只有这样你才愿意付出更多的能量，才会走得更远！

② 职位带来的社会价值排序不是幸福的唯一因素，需要与其他因素保持平衡，特别是家庭、健康的平衡，别因为工作的原因毁掉家庭、垮了身体。

③ 职位不是永恒的，它总是有时间段的，别以为那个位置、那些待遇（车子、助理、各种VIP等）永远会属于你，别让自己活成目中无人、飞扬跋扈、不可一世、专横傲慢的样子。

④ 会赚钱不如让自己更有价值，赚钱是某种程度上的认知变化，人们赚不到认知以外的钱。

社会价值排序带来的财富永远是外在的短期行为，而让自己更有价值才是内在的长期结果。不要只看到眼前的产出，而忽略长期的投入和规划；不要过于依赖公司的平台，而是要借这个平台打造自己的个人品牌和影响力（比如更加精湛的技能、不断提升认知层面、持续更新知识库的学习能力、优良品质等）。

管理者尽可能要做到：未来，即使没有了这个平台，也不会影响到自己的社会价值排序（因为自己掌握了获取财富及能量的能力）。择一事，终一身，不为繁华易匠心！

《论语》中有一段话，子曰："不患无位，患所以立。"

多年前，我有一位非常值得敬重的导师，他是可口可乐装瓶厂的一位总经理，他在一次辅导我时，跟我分享了人生经历：他在四十五岁时已经开始思考和规划退休后的人生了，因为他知道那个位置不会永远陪伴着他。

他还说："当你拥有权力时，别人崇拜的只是你的权力，不是你；当权力过了保质期后,你就会见识到世态炎凉。"

3. 幸福的第二个维度:自我认知

在前面的内容中,我们讲过个体认知世界有四个层次:感性认知、模型思考、演绎思维、觉醒智慧。认知层次的高低决定我们对自己及周围环境或人生目的是否感到满足、和谐。

关于幸福的自我认知主要体现在以下四点:

① 金钱的作用是帮助我们有更多的物质选择,而认知层次的高低则让我们的心灵有更多选择的自由!

有一句话是这么说的,"刺激与回应之间有一段空间,幸福就在那里!"这段空间说的就是心灵的选择自由。

《内在动机》作者爱德华·L.德西在其书中有这么一个观点:希望每一个人都能实现心灵的自由,幸福最终来自心灵的解放。

很多家庭都会因为鸡毛蒜皮的小事引发各种矛盾和纠纷,比如,家里总是有洗衣做饭、整理家务这些闲杂事情。如果一位妈妈,在每天全家人吃完饭后,孩子做作业,丈夫在看手机,她一个人收拾碗筷。这位妈妈做着做着觉得很生气:"凭什么就我一个人劳动?"于是,在洗碗过程中就把气撒在了锅碗瓢盆上,接着丈夫听到了厨房碗筷的声音,开始斥责自己的爱人,于是开始了争吵。做丈夫的,如果可以明白"每天做点家务事,可以巩固和改善婚姻"的逻辑,则他的家庭生活会幸福得多!

但也有千千万万个妈妈却能心情愉快地收拾碗筷。那是因为她们换了个角度思考:"我用这样的方式在照顾家人,可以让家人更好地生活,我愿意做这样的妻子和妈妈。"

这就是两种截然不同的思想!

日本作家渡边淳一在《钝感力》一书中提出,在人际关系方面,人的钝感力相当重要。笔者认为,学会让自己对外界的反应慢一点,多给自己一些独立思考的

第一章 锦囊1：管理者认知思维再突破

时间，无论是人或事。钝感力看似愚笨，实则是一种大智慧。

② 知道自我真实的需求。当笔者重新翻看《思绪飘动，体验美好的心理经验》时，体会到的是人类所有的痛苦都来自内外的无序和不和谐，即内心想要的和真实拥有的是冲突的。

一个人内心和谐，没有冲突，则说明他所拥有的生活和自己内心的期待是一致的。

当一个人知道自己要什么时，就会做出选择，并就此决定自己要走怎样的路，且不后悔。人生中追求合理的需求是正常的，但对于欲望的无尽追逐则会陷入无穷的烦恼，同时当一个人明白需求与欲望之间的区别时，并在生活中实践满足需求、克制欲望，则可达到"知足者常乐、少欲者离苦"的状态。

当一个人不知道自己要什么时，就很容易活在别人的世界里，凡事都爱和别人比较，并由此产生无尽的烦恼。

日本医生大津秀一，是一名临终关怀医师，主要工作是对住院和住家的癌症患者实施临终关怀，在其作品《换个活法：临终前会后悔的25件事》里讲述了生前没有完成的让人后悔的25个代表性例子的故事。其中遗憾排前两位的分别是：没做自己想做的事和没有实现梦想！而这两个遗憾更多的原因在于"不知道自己要什么"！

英国哲学家培根说过一句话，"喜欢独居的人，不是野兽就是神"，一个人若能从独处中找到乐趣，一定很明确地知道自己要什么，从而不会从外在的他人、电视、剧场、热闹与喧嚣中找存在感。

找回真实的自我并捍卫它，当知道自己要什么时，就不会轻易地动心起念！《列子·黄帝》有这么一个寓言故事，就是隐喻"动心起念"的。

——案　　例——

原文：海上之人有好沤鸟者，每旦之海上，从沤鸟游，沤鸟之至者百住而不止。其父曰："吾闻沤鸟皆从汝游，汝取来，吾玩之。"明日之海上，沤鸟舞而不下也。

译文：在遥远的海岸上有一个很喜欢海鸥的人。他每天清晨都要来到海边，和海鸥一起游玩。海鸥成群结队地飞来，有时候竟有一百多只。他的父亲对他说："我听说海鸥都喜欢和你一起游玩，你捉几只来，让我也玩玩。"第二天，他又照旧来海上，一心想捉海鸥，然而海鸥都只在高空飞舞盘旋，却再不肯落下来了。

每个人除了遵守法律和道德准则外，都可以按自己乐意的生活方式去生活，而勇气和智慧是每个人必不可少的，也不要随意评判别人的人生。

——案　　例——

有一个小男孩，在一次运动会比赛后回到小区，隔壁阿婆看到他很高兴，就问："小明，这么高兴，是不是在学校比赛中得了第一名？"他说："没有啊，我得了第二名。"阿婆回应小明说："嗯，又不是第一名，得了第二名为什么还这么高兴？"小男孩回答道："阿婆，你不知道比赛时那个第一名被我追得有多惨呢！"

余华在《活着》中也写道："生活是属于每个人自己的感受，不属于任何别人的看法。"世界那么大，总有人和我们的看法不一致。别总想活成其他人期待的模样，那终将会迷失自我。人不同，做的事不同，自然取得结果的时间和时机也会不同，无须去追求那个所谓的"统一评价标准"。一个人的人生，不在于你的地位比别人有多高，而在于你和别人有多么不同！

③经营好最亲密的人际关系。最亲密的人际关系主要包括父母、夫妻、子女。

父母是隔在我们和死亡之间的一道帘子。父母在，人生尚有来处；父母去，人生只剩归途。经营好与父母的关系，尽量不要有"树欲静而风不止，子欲养而亲不待"的遗憾。

夫妻婚姻关系不仅是一种契约、一种爱情的归属、一种家庭的组建，更是一种共生关系，是经济共同体和责任共同体。在这种关系下，好的婚姻关系在精神上可以相互搀扶，情感上可以相互存放。经营好婚姻就是经营好自己的"大后方"。

子女终究会独立生活，当他们还是孩子时多抱抱他们，多陪陪他们，多享受孩子那种发自内心、孩提般的喜悦生活。这种生活一旦错过，人生只会留下无法填补的空白。

④具备一定认知的逻辑常识。常识就是亘古不变，一些不证自明的东西。比如，

水往低处流、生老病死、日夜交替。比如，水就是水，油就是油，水是不会无缘无故变为油的；世界上不存在承诺高收益却从不告诉你收益从何而来的各式各样的理财公司，它们一定是骗子。比如，凡是有价值的东西，一定有成本，可以打折，但不会免费。天底下不存在免费的午餐，免费的往往是最贵的。

作为职场中的管理者，在追求幸福的路上，更要不断提高自己的认知。

4. 幸福的第三个因素：健康

假设一个人的社会价值排序很靠前，认知层次也能到达一定高度，他的幸福指数就会很高吗？答案是不一定。

在幸福的公式里（幸福 = 社会价值排序 × 认知 × 健康），前面两个因素是多少的问题，而健康则是 0 和 1 的问题。从某种意义上讲，健康就是幸福，虽然有了健康不等于有了一切，但是没有健康就等于没有了一切。

这里打个比方：社会价值排序和自我认知是皮球，只是皮球充多少气的问题；而健康就是一个空心的玻璃球，掉下去以后就碎了。

笔者每每看到某某科学家因工作而劳累过度，积劳成疾，英年早逝的报道时，一方面为逝者惋惜；另一方面也期望这样的新闻不再出现。

苹果创始人乔布斯，56 岁去世，留下几千亿财富。贝壳找房创始人左晖，50 岁去世，留下 1 000 多亿财富。游族网络创始人林奇，39 岁去世，留下百亿财富。温州均瑶集团创始人王均瑶，38 岁去世，留下百亿财富……

人们年轻创业时，努力拼搏，却忽略了健康；当事业取得成功后，却撒手人寰，与巨额财富无缘。所以，热爱财富、热爱事业、热爱家人，请从热爱自己的健康开始。对每一位管理者而言，关键是自律与践行！一个连自己体重都管理不好的人，无法想象他能管理好自己的人生。在这个物质丰富的饱食时代，每天都会面对各种美食的诱惑，一个人要管理自己的健康，是需要自控力的。

健康并不只是身体方面的保养，更需要有健康的心态：学会自我调整让自己知足常乐；学会释放压力让自己更加乐观；学会拿得起放得下，让心中无烦恼。

5. 当看清了幸福的真相后怎么办

作为管理者，当看清幸福的真相后该怎么办？答案是：做最好的自己。

幸福是当我们对自己及周围环境或人生目的感到满足、和谐的一种状态。这份幸福无须向外追求，而是让自己活得心安理得，快乐充实，有机会把自己生命的价值发挥出来。

有时我们之所以觉得活得累，往往是因为放不下面子做自己，而是把别人的眼光当作行为的最高标准，把别人的恭维当成人生的最高奖赏，迷失在世俗的欲望迷宫中。如果一个人总是按照别人的意见生活，没有自己的独立思考，没有自己的内心世界，那他就不是他自己，只不过是别人的一个影子和安排的一架机器罢了。

有时，我们觉得不幸福，是因为我们所追求的不是"幸福"，而是"比别人幸福"。"比幸福"主要会出现两种情况：①从比不如自己的人身上找幸福感，"比上不足，比下有余"说的就是这个意思；②消极幸福，即刻意地告诫自己，不要与他人比较！这些做法都是自欺欺人。本质上，你仍然认为幸福感是比出来的。

其实做最好的自己，不是选择逃避，而是坦然接受。吾生本无乡，心安是归处。

从幸福的公式来看，真正的人生赢家应该是身体健康、社会价值排序靠前、内心富足、学会享受生命、珍惜现在所拥有的。要知道，人的一生里非常重要的东西很少，如果把生命中的每一天当作最后一天来过，就知道绝大多数事情都是浮云。

十二、人力资源部门价值再定位

1. 溯本求源看人力资源部门的价值

笔者从事企业人力资源管理工作二十余年，每当看到上市公司年度业绩发布会上总裁（或CEO）与CFO（首席财务官）出席在台上时，脑海里就会有一个念头：财务及HR部门（以下统称HR）均是公司业务价值链上的辅助支持部门（见图1-20），

第一章 锦囊1：管理者认知思维再突破

财务已理所当然是最高管理者的"左膀"，而HR要想成为其"右臂"还有很长的路要走。

笔者通过对多年行业的观察与体会，深深感受到：整个社会对于HR从业者的认知似乎没有HR从业者们自我的认知那么高，人力资源从业者仍需自强！

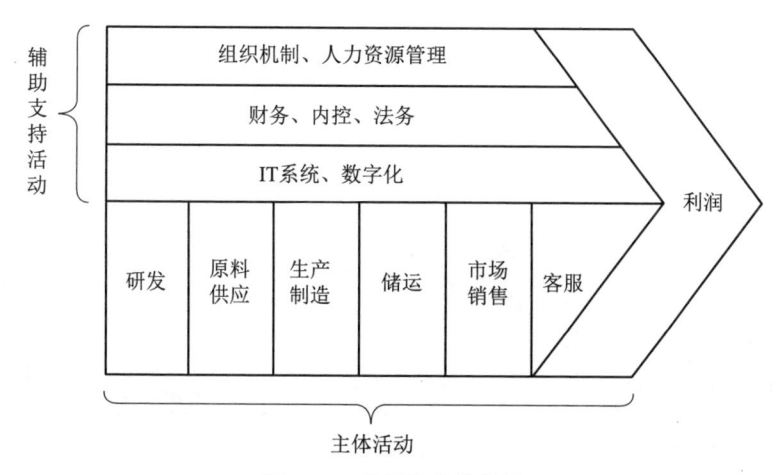

图 1-20 公司业务价值链

事实上，人力资源部门不是自公司诞生以来就有的！

我们知道，当一家公司初创时，首先必须有产品，然后要有客户，接下来才会产生收入。随着生产规模的不断扩大，初创者的精力与能量无法应对越来越多的需要处理的事情时，他们不得不开始把一些非主体活动如财务、行政、人事、法务、政府及公众事务等辅助支持活动分离出来，让专业人员帮其处理。

当招聘人员、签订劳动合同、薪资及福利发放、员工考核、人员晋升、辞退、离职等与人相关的事务管理部门出现时，也就出现了人事管理部门或劳资部门。第一次提出"人力资源"的叫法，是由管理大师彼得·德鲁克于1954年在《管理的实践》著作中提出的。感谢德鲁克让我们的工作标识用上了"人力资源"这四个字，HR从业者们每年逢"双11"时不妨也纪念一下这位前辈（德鲁克于2005年11月11日去世）。

然而，人力资源部门从诞生以来，就一直陷入争议中，也有难以掩盖的痛。

几乎每隔十几年时间，管理界就会有撰文"讨伐"人力资源部（见图1-21），从 1996 年的《炸掉你的人力资源部》，到 2005 年引起广泛关注的《我们为什么痛恨人力资源部》，再到 2014 年当代颇具影响力的管理咨询大师拉姆·查兰在《哈佛商业评论》撰文《分拆人力资源部……》。

文章	发表年份	作者	主要观点
"Taking On the Last Bureaucracy——It's time for HR department to put up or shut up"《炸掉你的人力资源部》	1996年	Thomas A. Stewart	人力资源部只是一堆"官僚机构"，没有顾客导向的服务意识，整日浑浑噩噩
"Why we hate HR"《我们为什么痛恨人力资源部》	2005年	Keith H. Hammonds	人力资源部门是企业里的一种特殊组织，它通过对人的透视发现商业的奥秘。这确实是一种提升自己竞争优势的机会。但是，在大多数企业里，这种机会却被白白浪费了
"Companies Say No to having an HR Department"《分拆人力资源部？不，我们干脆不设》	2014年	Lauren Weber & Rachel Feintzeig	分析两家典型的无人力资源部的企业，无人力资源部门依旧有其典型案例

图 1-21　人力资源部门被痛批文章摘要

之所以会有这么多"讨伐"的声音，大概源于许多公司人力资源部门并未体现出其应有的价值，甚至有的还偏离了当初部门设立的初心！

正如卡里·纪伯伦所说，我们已经走得太远，以至于忘记了为什么而出发。

2. 人力资源部门价值

（1）第一个价值：建立组织里关于人的秩序。

根据热力学第二定律（熵增定律）：在孤立的系统里面，热量肯定是从高温流向低温，此过程是不可逆的。（注：熵是用来表示混乱的，指事物的混乱、无序程度。熵增就是越来越混乱，越来越无序）

热力学第二定律真正内涵是：事物一定会自发地向混乱、无序的方向发展。某种意义上，在自然过程中，一个孤立系统的总混乱度只会增加，不会减少。随着时间流逝，当熵达到最大值时，系统会出现严重混乱，最后走向终结，此过程不可逆。

组织与企业作为自然的一部分，同样遵循热力学第二定律，只不过它们会通过各种管理方法让终结来得更晚些！例如，业务部门分渠道、分客户管理，让生意变得更有秩序；制造部门按生产线流水运作，让产品生产变得更有秩序；物流部门按长短途配送、分设配送仓，让产品流动变得更有秩序；财务部门让公司的钱变得更有秩序；IT部门让公司的信息变得更有秩序；人力资源管理部门的价值在于让公司的人力资源变得更有秩序。

传统的六大模块也好，HR三支柱也罢，无一不是让公司的人力资源变得更有秩序，从而产生效率！

这些工作包括如劳动合同签订、入/离职手续、各类保险缴交、公司相关人力资源制度及流程、薪酬管理、绩效框架、员工保留及激励措施、人力资源数字化等，并为各功能各级管理者所运用，以帮助建立对于人员的秩序感！（如果没有这些秩序，功能部门各自为政，则熵增混乱也，公司何谈效率？）

（2）第二个价值：帮助业务增值。

帮助业务增值并不意味着人力资源部门的同事们去业务部拿订单，去开发新客户（我曾在一个论坛上听到某品牌手机HR负责人得意扬扬地说，帮助推销了多少台手机，此本末倒置也），而是从人力资源的专业出发，帮助业务团队，让他们可以更好地去拿更多订单，开发更多新客户！

帮助业务增值有两种方法：

第一种方法：帮助各级管理者打造一支能够承载公司战略的团队。

大家都知道，公司各团队管理者才是所在团队的"第一人力资源经理"，因为人力资源管理首先是每一位团队管理者的职责，CEO或总经理其实是公司最大的"人力资源部总监"，也是公司人力资源的"一号位"。

此时，人力资源部门的增值点就是做好团队的人力资源管理，打造稳定团队，提升团队士气和凝聚力，调动员工主观能动性，发挥团队的最大潜力，激活员工为组织创造价值！

第二种方法：从人力资源管理专业视角出发，提供组织赋能的有效方法论。

如何组织赋能，可以从使命、愿景、价值观、战略、组织能力几个维度中寻找机会点。比如企业文化的有效宣导及落地、参与公司战略的制订、匹配战略的组织能力提升、寻找更高人力资源效能机会，等等。

密歇根大学商学院教授、人力资源领域的管理大师戴维·尤里奇就曾说，"在人力资源管理者中，最好的 20% 的人员的技能和 CEO 是一样的。"当然，能做到这个层次的 HR 目前来看是寥寥无几！

南宋时期范晔的《后汉书·桓谭冯衍列传》曰："天下皆知取之为取，而莫知与之为取。"意思是说：不要以为从别人那里得到东西才是取，给予别人东西也是一种取。

人力资源部门就是要从专业出发，通过建立组织对人的秩序感，帮助业务增值，从而实现真正的自我价值！

不忘初心，方得始终！

第二章

锦囊2：从任务到目标、计划

一、接受和明确任务

1. 交付结果天经地义

对于大多数管理者而言，判断公司战略是否正确并非他们的职责，但完成任务和交付成果是他们对公司战略最好的支持。

如果我们从会计第一公式（利润 = 收入 – 成本）出发，你会发现，一名管理者的任务要么是增加公司的收入；要么是降低公司的成本；要么通过各种方式提高公司的运营效率间接帮助公司增加收入或者降低成本！所以，无法交付结果的管理者不是一位合格的管理者。

比如，一名销售经理经常无法完成当月的销售收入、应收账款、新客户开发数、设备投放数、各种产品铺货的指标，那他就不是一名合格的销售经理。

比如，一名生产经理经常无法完成产量达成率、品质保障率、原材料收获率、订单交付及时率的要求，那他就不是一名合格的生产经理。

比如，一名财务经理总是不能及时、准确地提供相应的财务报表及分析报告，进行各种成本费用的监督，有效地进行财务资金管理，那他就不是一名合格的财务经理。

因为，管理者完成任务，体现的就是执行力。拉里·博西迪、拉姆·查兰和查尔斯·伯克著的《执行：如何完成任务的学问》书中就将"执行"定义为"如何完成任务的学问"。（当然，也请读者朋友们清楚，这里以及下文所指的任务均是指需要管理者带领团队③去完成的任务，而不是指由管理者个人完成的任务。）

2. 接受任务

管理者的任务来自哪里？主要来自三个维度：

---

③ 关于如何带好团队，感兴趣的朋友可以阅读笔者的第一本书《高效员工管理：写给管理者的 6 个锦囊》。

第一，公司的战略目标层层分解。

实际上就是指，企业整体战略和经营计划自上而下的分解和落地，即从公司到各部门再到各班组的分解和执行过程。在这个过程中，一定是先有上才有下，先有总才有分。当公司战略不同时，分解到基层团队或机构的关注重点也就不同。

因此对于管理者而言，明确自己任务的关键点就是要全面理解公司整体战略和经营计划，并与自己团队的任务挂钩。

在这个过程中，管理者可以问自己以下几个问题：

（1）公司未来几年的发展战略是什么？目标是什么？今年实施的重点工作是什么？它们的优先顺序是什么？

（2）直接与自己相关的任务是什么？间接与自己相关的任务是什么？这些任务的标准是什么？它们的优先顺序是什么？

（3）这些任务如何与自己的上级管理者达成一致？需要的资源支持是什么？自己需要做哪些准备？

第二，岗位职责里的任务要求。

如果说公司战略经过层层分解后，到了具体管理者这一层还是无法落地，那么管理者可以从自己的岗位职责里找到其任务要求。因为从理论上来说，每一个岗位上都会有《岗位职责说明书》，里面包括岗位职责的描述以及清晰的指标要求。

第三，上级管理者交办的要完成的任务。

在实际工作中，除了战略层层分解以及岗位职责里的任务要求外，有时管理者还要完成上级管理者交办的其他临时性任务。比如：突然的攻坚项目、完成一次接待任务、举办公司的周年庆活动等。

3. 明确任务五问

无论是战略分解、岗位职责的任务，或者是上级管理者交代的临时性任务，管理者要做的第一件事情不是"撸起袖子把活干"，而是要先在大脑里理清思路，明确要完成的任务，并把任务转化为要完成的目标。如果在思考的过程中有疑问，要及时与上级管理者进行有效沟通确认，以确保双方的理解是一致的。下图是管理者在大脑要思考的明确任务五问，如图2-1所示。

```
1. 任务范围是什么？
2. 利益的相关方都有哪些？他们都关注什么？
3. 任务的可交付成果是什么？（即我们所说的目标）
4. 任务完成时间是什么时候？关键节点有哪些？
5. 可获取的资源有什么？
```

图 2-1　明确任务五问

①任务范围：指的是需要完成任务的边界，管理者不要凭主观判断超越或缩小任务的边界。举个例子，盖房子的任务就是盖房子，至于这块土地是怎么来的，不是任务范围，除非连申请土地也在你的任务范围里。

②利益相关方：指的是完成任务这个过程，公司内部、外部会受到利益影响的相关者。站在他们的立场，他们会怎么思考这件事情，都会关注什么。

③可交付成果：指的是目标，即任务最终要交付、可量化的结果。

④完成时间及关键节点：指的是完成任务的期限，影响任务完成的关键节点都有哪些。

⑤可获取的资源：指的是完成任务，公司或上级管理者能给的资源，一般包括人、资金、物品等。不要小看这个资源，它是管理者完成任务非常重要的基石。略有经验的管理者都知道，在职场中，公司分配下来的目标很难讨价还价，但在资源上却是可以极力争取的。

比如：公司给A销售区域定了年度的销售目标，这个目标是自上而下的，是无法讨价还价的，此时A区域的销售经理是没有议价能力的。

但销售总监在与A区域销售经理沟通年度目标时，A区域销售经理却可以提出：完成任务没有问题，但考虑到公司的品牌知名度较低，公司可否在A区域多安排几场品牌活动。

同时，A 区域销售经理还可以提出：考虑到 A 区域的团队刚刚搭建完成，公司可否安排一些培训资源，帮助员工提高能力以及整个团队的文化建设。

一般来说，为了让 A 区域达成任务（其实，这个任务也是销售总监任务的一部分），销售总监会尽可能地去寻找相应的资源支持。

明确任务五问，对管理者而言，可以帮自己理顺逻辑和思路，同时也是清晰定义任务的有效思考方式，这将为最后的交付结果提供一个好的开始。而好的开始则成功了一半。

二、目标、目标、目标

彼得·德鲁克认为，企业的目的和任务必须转化为目标。如果一个领域没有特定的目标，则这个领域必然会被忽视。

1. 任务转化为目标

任务≠目标，前面我们说过：目标是任务最终要交付的、可量化的结果。

举个例子：

这个月按公司计划，市场部门需要完成一场某新产品的推广活动。此时，作为市场部门的经理就需要把这项任务转化为目标：举办一场某新产品推广活动，预计影响 5 000 人次；潜在客户登记达 500 人次；当日公司新产品销售额达 5 万元。

注意，这里的目标指的是整个团队的目标，是需要管理者带领团队成员一起去努力完成的，每个团队成员个人的目标组成就是整个团队的目标。

为什么目标这么重要？彼得·德鲁克在《管理：使命、责任、实务》中写道："目标并不是命运的主宰，而是方向的指标；不是命令，而是承诺。"

目标设定需符合 SMART 原则，即具体清晰的（Specific）、可衡量的（Measurable）、可实现的（Attainable）、相关的（Re-levant）、有时限的（Time-Bound），这个原

则相信每一本管理书上都会写，且大家耳熟能详，这里不再赘述。

在现实工作中，管理者们对于目标的理解常常出现偏差，这是为什么呢？原因主要体现在以下几个方面：

（1）把口号当成了目标，目标无法量化。

《韩非子·卜妻为裤》讲了这么一段故事：郑县有个叫卜子的人，有一天让妻子给他做裤子。他的妻子就问："你的这条裤子想做成什么样？"卜子说："像我的旧裤子那样。"于是他的妻子做好了新裤子后，又把新裤子弄坏，看起来就像他的旧裤子一样。

这则故事本意是想表达卜子的妻子头脑僵化、做事机械。但如果我们换个视角：卜子在给出做裤子的目标时，如果能让标准更加清晰、可量化，而不是"像我的旧裤子那样"那么含糊，卜妻是不是就可以更好地执行落地呢？

许多管理者在日常工作中，常常会混淆"口号"和"目标"，把"口号"当成"目标"。比如，加强管理、严格控制；加强沟通与交流、促进支持与合作；杜绝浪费，追求效益；持续改善，追求完美。

以上列举的都是口号，口号在文化宣传、开大会时确实有效，以达到统一思想、明确方向、鼓舞士气的作用。但口号不能替代目标。

比如，"2023年大幅度提高本公司产品的市场占有率"，这句就是口号，要把它转化为可量化的目标："2023年本公司产品的市场占有率由20%提升至25%"。

比如，"力争在2023年本公司产品打入国际市场"，这句仍然是口号。转化为目标"2022年下半年，本公司产品国外销售打破零的历史，2023年本公司产品国外销售占比达总销售额的10%"。

比如，"我要减肥，让身体更加苗条"，这句是口号，转化为目标则需要给自己定出"多长时间减多少斤"的目标。

（2）目标不应只是一个冷冰冰的数字，管理者需要给目标加上意义。

《小王子》作者圣埃克苏佩里曾说："如果你想造一艘船，你要做的不是催促人们去收集木材,也不是忙着分配工作和发布命令,而是激起他们对浩瀚无垠的大海的向往。"

目标需要量化,并用数字的形式体现出来。但管理者不能只是把目标当成一个冷冰冰的数字,还需要思考如何唤起团队成员对目标的责任感,也就是说给目标加上意义,有意义的目标会让团队成员更容易认可。

如何给目标加意义?管理者需要从三个方面来考虑:

①为什么这个目标对公司很重要?

②为什么这个目标对团队很重要?

③为什么这个目标对成员很重要?

举个例子,十几年前我曾经是可口可乐厦门装瓶厂人力资源部门的负责人,第一年我跟团队成员沟通目标时,是这样赋予其意义的:

①为什么把业务人员的流失率降至20%对公司很重要?

因为公司的战略方向是牢牢把终端客户抓在手中,而一个稳定的业务团队是有助于与终端客户建立良好客情关系的,良好的客情关系是我们一切业务的基础。把业务人员流失率降至20%是助力公司业务增长的一种最有效的方法!

而且为了强化意义,在团队某次会议上,我还特别请来当时的总经理给团队分享,让团队成员更加明白此目标的意义和价值,驱动大家往同一个目标前进。

②对于HR团队来说,为什么降低业务人员流失率很重要?

因为降低业务人员流失率是HR日常工作的一个重要抓手,也是HR帮助业务增值的重要突破口。

通过降低业务人员流失率这个目标,HR部门可以把公司里的企业文化建设、学习成长体系、绩效薪酬体系梳理一遍并不断升级,可以提升团队成员自身的系统能力建设。

③为什么对团队成员而言,这个目标很重要?

实现这个目标的过程,对于团队中的每一个人都是一个很好的学习机会,我与团队成员一起探索，一起找到最合适的方法。相信许多年后，即使我们不在一起工作了，但每当回忆一起努力成长的日子，我们都会为曾经在这个团队工作过而感到骄傲，为在这个过程中学习成长而感到自豪。

通过这三个问题，我把团队目标从宏观到微观的意义都梳理清楚了。

（3）两鸟在林，不如一鸟在手。

把团队目标分解，并落实到每一位团队成员上，即我们常说的 KPI（Key Performance Indicator，关键绩效指标）。

但在实际工作中，许多管理者恨不得把所有要求员工做的事情都变成员工的 KPI，造成 KPI 考核点过多。

我曾看到一位部门经理给员工定了 12 项 KPI。我当时和这位部门经理开玩笑地说："来，我们合上电脑，你给我讲一下这位员工都有哪 12 项 KPI？"结果，这位部门经理自己根本说不全。

KPI 里的 K，就是 Key，强调的就是"关键指标"，是指这些指标对于团队的目标完成至关重要！当管理者把要求员工做的事情都拿出来考核，那就失去了 KPI 的真实意义。

太多的 KPI，会让资源使用不集中，导致每个目标都达不成。所以，管理者一定要学会抓关键，不要眉毛胡子一把抓。什么都想要，最后往往什么都得不到。

笔者根据多年的经验，团队及个人目标控制在 6 个以内是比较合理的，而且，指标需要有侧重。

2. 目标的两种类型及四个维度

在日常工作中，无论是团队还是每一个岗位，其目标均可以分成两类：过程目标、结果目标。

结果目标就是：对当期公司利润结果直接影响的目标。一般来说，结果目标要么是收入增长，要么是成本降低。比如：销量、销售收入、原材料收获率、产品破损率、采购成本等。

过程目标则是：对当期公司利润结果间接影响的目标。比如，招聘到岗及时率、财务报表准时准确率、新增冰柜投放数、培训人次、新品上架速度、新开客户数、品牌知名度等。

组织里不同岗位的绩效目标都是由结果目标和过程目标组成，只是不同性质的岗位绩效目标的结果目标和过程目标占比不一样。一般来说，越靠近公司业务岗位，绩效目标中的结果目标占比大；离公司业务相对较远的岗位，绩效目标中的过程目标占比大。

无论是结果目标还是过程目标，都可以从数量、时间、质量、成本四个维度来区分，对应的也可以用"多、快、好、省"来形容，每一个岗位均可以从这四个维度中找到本岗位对应的目标，如图2-2所示。

这里以人力资源部的招聘专员岗位为例子，看看这个岗位的"多、快、好、省"对应的目标有哪些。

数量（多）	时间（快）
质量（好）	成本（省）

图2-2 目标的四个维度

多：筛选出多少高质量的人才简历？给候选人打了多少电话？安排了多少场面试？

快：是否按时把岗位的空缺补上？关键岗位按期到岗率如何？

好：入职人员与岗位胜任标准的匹配度如何？优秀人才占招聘的入职的比例为多少？

省：招聘预算控制得如何？招聘渠道运用的精准度如何？

当然，不同岗位在"多、快、好、省"的组合上是不一样的，管理者可以多加思考。

3. 目标之间的关联

前面我们说过绩效目标包括结果目标和过程目标，这两者之间的关系是如何体现的呢？

美国哈佛商学院教授罗伯特·卡普兰与复兴国际方案总裁戴维·诺顿于1992年提出的平衡计分卡模型就很好地解释了这个问题。

该模型把绩效目标分解为财务、客户、内部流程、学习与成长这四个维度。

其中财务维度关注的是公司运营结果，强调的是公司要从股东或出资人立场出发；客户维度关注的是如何满足客户的需求，因为客户是公司利润的来源；内部流程维度则更多关注公司的运营效率来为客户提供满意、可持续的产品和服务；学习与成长维度强调员工的成长以及如何付出更多的能量。

平衡计分卡模型通过这四个不同维度的视角，将组织战略目标与衡量指标有机结合，提供了一种考察企业价值创造的过程和方法，把组织产出（Outcome）和绩效驱动因素（Performance Driver）串联起来。这四个维度不仅有结果性指标，而且更关注过程性指标；在关注财务指标的同时，也关注非财务指标；在短期与长期的目标之间以及外部与内部指标之间达到一种平衡。

这四个维度的因果关系，我们可以这么理解：

通过学习与成长维度关注员工技能提升，让员工更乐意在组织里工作，付出更多的能量，从而使得产品的过程质量和生产效率得到保证。内部流程的高效运作，使得产品能按时按质按量交付，从而提高顾客满意度和市场占有率，最终使财务指标表现良好。如图2-3所示。

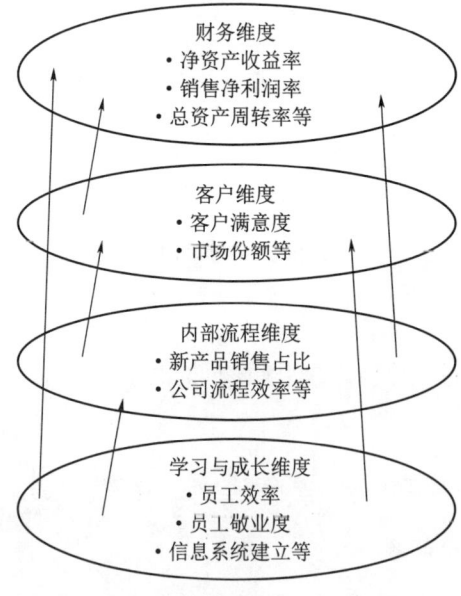

图2-3　平衡计分卡四个维度的因果关系

4. 目标的系统表述

岗位的目标一旦确定了，就可以形成清晰的岗位绩效目标表，如表2-1所示。它主要包括以下几个关键要素：

① 考核项目：即前面我们提到的平衡计分卡的四个维度。

② 关键绩效指标：即KPI，考核项目里指标的具体描述。

③ 统计方法：即指标的目标值是怎么计算的，以确保清晰、公平、透明。

④ 权重：这项指标占比越大，重要性

越强。权重分配切记不要雨露均沾、面面俱到。

⑤ 目标值/实际值/完成比例：目标值就是期望达到的标准；实际值就是实际完成的情况；完成比例则是实际值与目标值的比例。当然，有的公司除了目标值外，还会设一个挑战目标来鼓励员工追求正向的增长。

⑥ 数据来源：即计算关键绩效指标的数据来源，这些数据对于关键绩效指标的客观性起着非常重要的作用。

表 2-1　岗位绩效目标表

序号	考核项目	关键绩效指标	统计方法	权重	目标值	实际值	完成比例	数据来源
1	独立核算利润	利润目标达成	实际利润/利润目标×100%	20%	≥95%			财务报表
2	成本	制造费用成本控管	制造费用/销售收入×100%	20%	≤12%			财务报表
3	交货	交货达成	实际交货时间批数/预订交货时间批数×100%	20%	≥98%			生管报表
4	质量	品控质量	QA检验不合格批次/生产总批次×100%	20%	≤3%			品质报表
5	人员管理	人员流失率	当期人员流失人数/部门期初期末平均人数×100%	10%	≤5%			HR报表
6	安全管理	安全事故率	当月安全事故发生次数	10%	≤0次			安全报表

三、OKR 是什么

1. OKR 的由来

OKR（Objectives and Key Results），即目标与关键成果法，其中 Objectives 就是要实现的目标，Key Results 是应该交付的关键成果，由英特尔前 CEO 安迪·葛洛夫提出。

其实 OKR 和 KPI 一样，都是一种目标管理方法。

1954 年，德鲁克在《管理的实践》一书中明确地提出了目标管理法（MBO），他认为，所有企业的使命和任务，必须转化为目标。

企业如果没有总目标以及与总目标相对齐的分目标，用来指导员工的生产和管理活动，那么企业越大，人员越多，发生内耗和浪费的可能性就越大。

从第一章第二节图 1-2 中可以看到，每一位管理者都有目标（O），都要交付关键结果（KR）。管理者每天最重要思考的事就是如何跨越目标与关键结果之间的鸿沟，而跨越鸿沟的方法则是把①管理动作紧抓事和②赋能员工释放人的每一个动作都做好！

一般来说，OKR 里的 Objectives 是指有意义的梦想和宏伟的目标，其背后人性假设是这样的：团体中的人是喜欢工作的，能够从工作中得到乐趣和成就感，即便没有督促/奖励/惩罚也是发自内心愿意去做好工作的！

KPI、OKR 说到底就是一种目标管理工具与方法而已，场景不同，运用方式也不一样，不存在谁先进、谁厉害的问题！

2. OKR 的三个关键点

OKR 能否有效落实，有三大着力点，如图 2-4 所示。

OKR有效落实三大着力点	
第一	Objectives目标/梦想要大；OKR体系最重要的就是：有意义的梦想目标
第二	有自驱力强的成员，他们内心渴望追逐这个梦想
第三	给予足够的自主空间，放手让他们去闯

图 2-4　OKR 有效落实三大着力点

今天，许多企业误解 OKR，还动不动要替代 KPI，以为这样公司的管理会更加到位，其实不然，把管理的基本功打扎实才是王道，把基本功扎实练好已经能解决各个领域 95% 的问题！

四、分解目标：面向成果的"树"

——案　例——

"每次比赛之前，我都要乘车把比赛的路线仔细看一遍，并把沿途比较醒目的标志画下来，比如第一个标志是银行；第二个标志是一棵大树；第三个标志是一座红房子……这样一直画到赛程的终点。比赛开始后，我就奋力地向第一个目标冲去，等到达第一个目标后，我又以同样的速度向第二个目标冲去。40多公里的赛程，就被我分解成这么几个小目标轻松跑完了。起初，我并不懂这样的道理，我把我的目标定在40多公里外终点线的那面旗帜上，结果我跑了十几公里时就疲惫不堪了，我被前面那段遥远的路程给吓倒了。"

——国际马拉松比赛世界冠军（1984年和1987年）山田本一

1. 工作任务分析表（WBS）

当明确了团队的目标后，管理者接下来还需要把目标分解，分解成更小的具有可操作性的可落地的目标。这样做的好处是：当遇到庞大、繁多、复杂的事情时，我们可能一下子找不到解决问题的方法或者思路，但当我们把事情分解成多个更小的目标时，就把复杂的事分解成了简单的事，而且这样也更容易让其他人清楚自己要做的事情。

——案　例——

一位快速消费品行业的销售经理接到下一个月的任务：

当月销售收入1 200万元、新开发100家直营客户、投放100台新冰箱、三个新品SKU铺货要达到80%。

这位销售经理看到这些数据后头很晕，怎么办？

唯有把这些指标进行有效分解，即分到每个业务代表、不同的品牌及包装、不同的销售渠道，以化整为零的方式才能交付最后的结果。

管理工具箱里有一个用于分解的有力工具：WBS（Work Breakdown Structure，

工作分解结构），以可交付成果为导向，对任务（项目）进行分组，归纳和定义任务（项目）的整个工作范围。

结构层次越往下层，任务组成部分的定义越详细，最后构成一份层次清晰，可以具体作为任务实施的工作依据。

在创建 WBS 的过程中，需要遵循以下三个原则：

① 遵循 MECE 里"相互独立、完全穷尽"的原则，即分解出来的所有活动的总和最终以达成任务目标为目的，每一个层次应该完全细分上一个层次，而且不会产生漏项和重复交叉项。

② 每个任务原则上要求分解到不能再细分为止，而且最低层的工作任务应有可交付成果，而且该成果是能衡量、有质量保证的。

③ 主体目标逐步细化分解后，最低层的工作任务都必须指明一个对应的负责人，并有相应的时间以及资源的投入。

2. WBS 工具在工作中的实战运用

WBS 工具可以帮助管理者在工作中有效地分解任务。当然在具体分解时，管理者需要按照一定的分解逻辑，比如按任务的实施过程来分解、按主要的可交付成果来分解、按组成/子项目来分解、按产品功能/物理结构/地域来分解。

案例一：建造一栋别墅（按任务的实施过程分解），如图 2-5 所示。

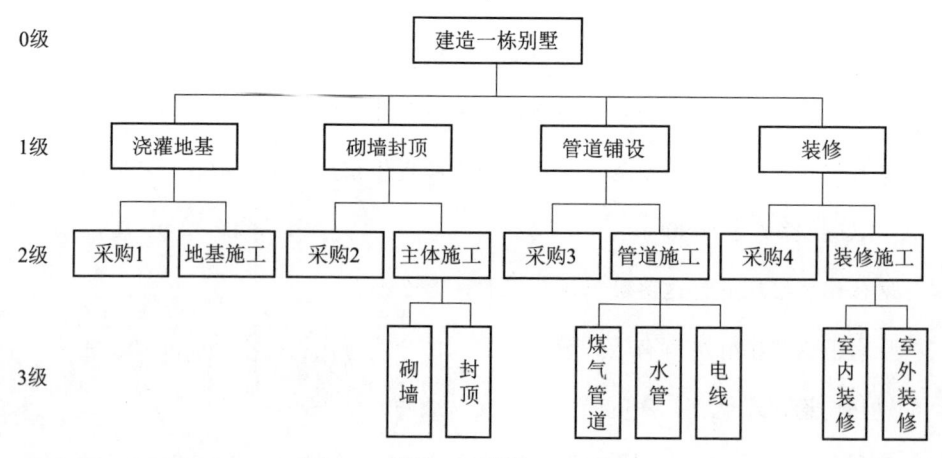

图 2-5 建造一栋别墅 WBS 分解

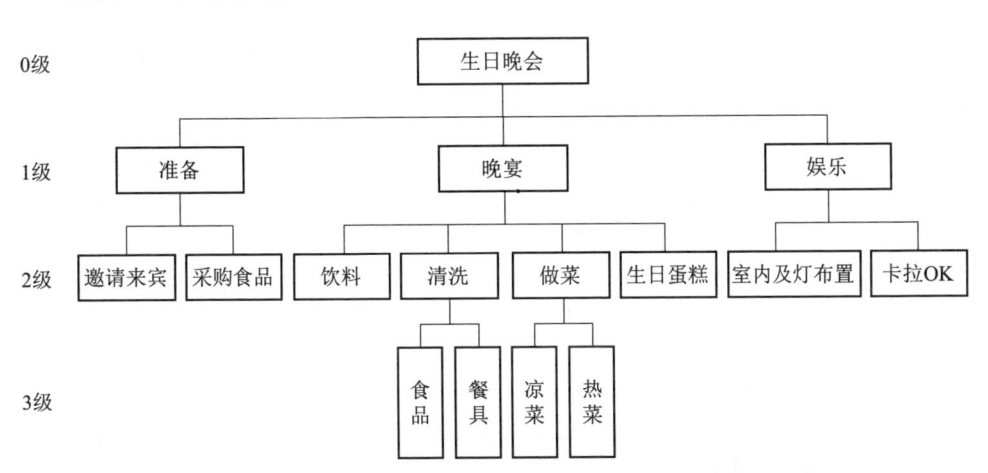

案例二：生活中举办生日晚会（按主要可交付结果分解），如图 2-6 所示。

```
0级                              生日晚会
                     ┌──────────────┼──────────────┐
1级                 准备           晚宴            娱乐
              ┌─────┴─────┐   ┌───┬──┼──┬─────┐  ┌────┴────┐
2级        邀请来宾  采购食品  饮料 清洗 做菜 生日蛋糕  室内及灯布置  卡拉OK
                            ┌──┴──┐  ┌──┴──┐
3级                        食品  餐具  凉菜  热菜
```

图 2-6　生日晚会筹办 WBS 分解

案例三：饮料行业 A 区域下个季度销量（按组成分解），如图 2-7 所示。

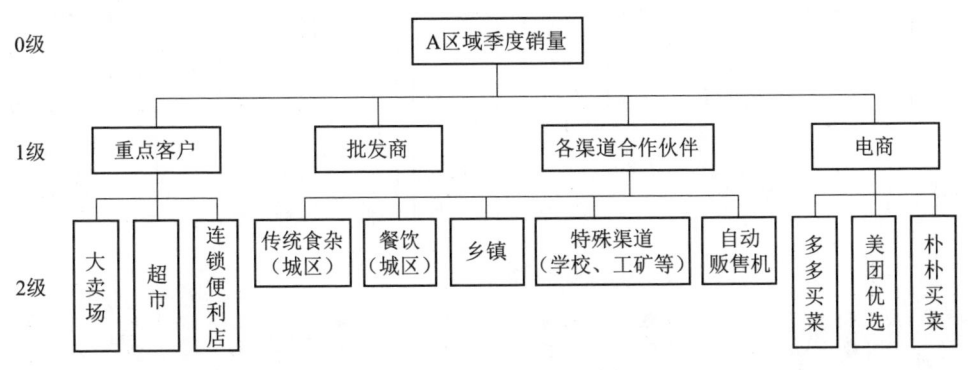

```
0级                          A区域季度销量
              ┌──────────────┬──────────┼──────────────┐
1级        重点客户        批发商    各渠道合作伙伴       电商
         ┌───┼───┐    ┌────┼────┐  ┌────┼────┐   ┌───┼───┐
2级   大卖场 超市 连锁便利店  传统食杂 餐饮 乡镇  特殊渠道 自动  多多买菜 美团优选 朴朴买菜
                         （城区）（城区）  （学校、工矿等）贩售机
```

图 2-7　A 区域季度销量分解

3. 做到人人有事做，事事有人跟

工作中，很多任务之所以一开始就注定失败或进展缓慢，或相互推脱或直接失败，其中有一个很重要的原因就是责任不到人，授权不到位。

一个团队，只有一开始明确好各自的责权，任务才能持续有效地推动下去。

相信很多人都有过这样的体验，如果一个任务最后的责任人是自己，这会让自己产生自主感，哪怕不是工作时间也会想着如何去完成它。而一个任务如果没有明确的产出责任，团队每个人往往都会觉得轻松很多，反正不是自己的责任。

那日常工作中管理者应该如何解决这个问题？

管理者可以充分运用 WBS，把任务分解，并且在最低层的工作任务中指派对应的负责人，确保团队里人人有事做，事事有人跟。

当然，管理者在日常工作中需要经常梳理团队的人力资源存量和结构，既要保证有合理的人力资源数量，也要拥有合理的人力资源结构，以便有足够的人力完成这些任务。同时，在指派对应的负责人时，还可以定好谁是负责人，谁是辅助者，以清晰明确各自的职责，如图 2-8 所示。

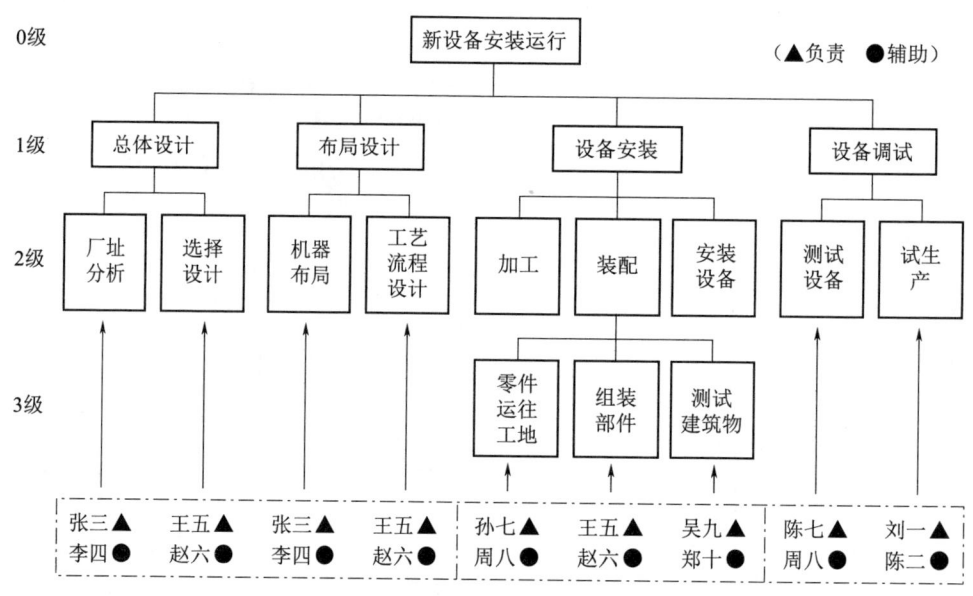

```
0级                      新设备安装运行                 (▲负责 ●辅助)
1级     总体设计    布局设计      设备安装       设备调试
2级   厂址   选择   机器   工艺   加工  装配  安装   测试   试生
      分析  流程   布局   流程              设备   设备   产
            设计         设计
3级                              零件   组装   测试
                                 运往   部件   建筑物
                                 工地
     张三▲  王五▲  张三▲  王五▲  孙七▲  王五▲  吴九▲  陈七▲  刘一▲
     李四●  赵六●  李四●  赵六●  周八●  赵六●  郑十●  周八●  陈二●
```

图 2-8 通过 WBS 确认责任分配

五、为什么战前参谋部需要制订详细的作战计划

1. 计划有什么用

在工作中，有些管理者会很反感做计划，觉得无论计划做得多完美，一到现实就会遇到各种意外的情况，计划不如变化快！

第二章 锦囊2：从任务到目标、计划

当我们一说起德国人时，就会觉得严谨，甚至有些"刻板"。尤其以第一次世界大战和第二次世界大战时期德国的军队为典型代表，即使两次世界大战他们都被打败了，但是德军依然是公认的素质优秀、计划性很强的军队。

——案　　例——

德国人制订作战计划时的详细和"刻板"程度，外人是很难想象的。就拿施里芬计划来说，施里芬居然详细规定了每一支部队每天的进展。比如，右翼部队的主力，从动员开始后第12天要打开列日通道，第19天拿下布鲁塞尔，第22天进入法国，第39天要攻占巴黎，一天都不能错。每一支部队有多少人员力量，配备多少武器装备，战争开始后，从驻地到前线的铁路运输计划等，全都详细规定好了。

制订这个计划的人就叫施里芬，他当了十几年的德军总参谋长，在任期间的主要工作就是制订计划。据说，到了1913年，80岁的施里芬临终时仍一再叮嘱："仗是一定要打的，只要确保我计划中右翼强大就行。"

后来，第一次世界大战德国失败，有人指责是因为后来的总参谋长小毛奇擅自修改了施里芬原来的那份计划，削弱了施里芬临死还在担心的右翼军队，所以才失败的。

为什么要事先制订作战计划呢？

二次大战期间，盟军欧洲最高指挥官艾森豪威尔就这个问题曾回答过记者，他说战场上制订计划非常有必要。计划不是用来不折不扣地实现的，计划实际上另有用处，主要体现在以下三个方面：

第一，计划制订的过程，本来就是统一思想、上下同心的过程，在这个过程中大家不断有自己的看法，中间不断沟通与调整，最后形成统一和明确的战略方向，同时也是一个盘清资源的过程。

第二，计划的作用，是用来应对变化的。古人云：预则立，不预则废，说的就是这个道理。比如在战场上，如果有一支部队因为这样那样的突变因素，无法按计

划到达指定的地点，那么就会影响到其他部队的进程，此时部队的指挥官可以根据即时情况，根据原定计划大体预测到部队的各种资源情况，从而调整计划，进而开展下一步的部署。所以制订计划的目的不是为了刻板地完成计划，而是为了应对变化，为可能发生的变化做出各个方面的资源准备。

第三，在计划实施的过程中，虽然计划很容易被打乱，但也不是全盘皆乱。组织里的每一个小单元，在没有收到最新指令之前，仍可以按照先前制订计划时达成的战略共识行动，并表现出强大的执行力。

2. 工作的先后依赖关系

每一本写管理的书里都会提到管理过程的四要素：计划、组织、领导、控制。

计划是管理者必须要掌握的基本能力，也是企业战略目标的落脚点和战略执行的保障。在交付结果管理规定动作的八步骤中，计划起着重要的"承上启下"的作用。

在前面的内容中讲到，管理者需要把目标分解成多个可以执行的任务包，每个任务包之间的工作先后依赖关系是怎样的呢？

工作先后依赖关系是指：任何工作的执行必须依赖于一定工作的完成，也就是说它的执行必须在某些工作完成之后才能执行。

工作先后依赖关系有两种：

（1）工作之间本身存在的、无法改变的逻辑关系。比如：装修房子，一定是先做水电，然后才会贴瓷砖。如图2-9所示。我们可以说A工作是B工作的紧前工作，或B工作是A工作的紧后工作。

```
┌─────────┐         ┌─────────┐
│    A    │────────▶│    B    │
│ 水电安装 │         │  贴瓷砖  │
└─────────┘         └─────────┘
```

图2-9 计划中工作关系的表述

（2）工作之间无逻辑关系，是由人为组织确定的，两项工作的关系是可先可后的关系。比如：婚礼筹备中的确定酒店以及购买烟酒这两项工作。

确认工作先后依赖关系的原则是：逻辑关系优于组织关系。

工作先后依赖关系除了上面说的一对一的关系外，还有两种情形：

第一种情形：A 工作是 B、C、D 工作的紧前工作，意思是 A 工作完成后 B、C、D 工作可以同时开始，如图 2-10 所示。

第二种情形：B、C、D 工作是 E 工作的紧前工作，意思是只有 B、C、D 工作都完成了，E 的工作才能开始，如图 2-11 所示。

3. 工作时间的计算

当管理者确认了各项工作之间的关系后，就可以估算每项任务需要的时间。比如 A 工作需要 3 天时间，B 工作需要 5 天时间，A 工作以及 B 工作都结束的话，整个工作时间就需要 8 天时间，如图 2-12 所示。

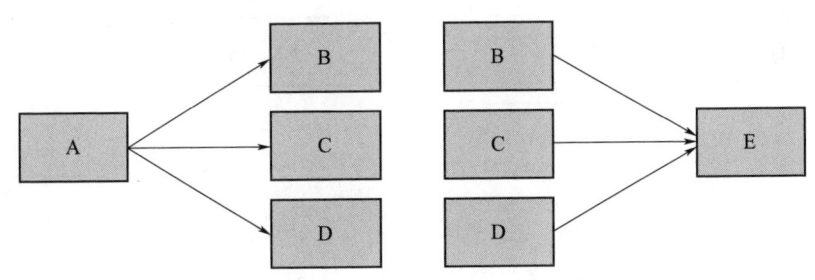

图 2-10　计划中工作关系的表述　　图 2-11　计划中工作关系的表述

下面，让我们再来一点复杂的工作时间计算。

以图 2-10 的工作计划为例，假设 B 的工作时间为 2 天，C 的工作时间为 7 天，D 的工作时间为 4 天，E 的工作时间为 8 天。

请问等到 E 的工作完成后，整个工作计划花了多长时间？

我们来分析一下，E 工作的开始取决于 B、C、D 工作，只有 B、C、D 工作都完成了，E 工作才可能开始。

而 B、C、D 中最长的工作时间为 7 天，故 E 只有等 C 工作的 7 天完成后才能开始，所以整个工作的工期时间为 7+8 = 15 天，如图 2-13 所示。

图 2-12 工作时间的表示方法

图 2-13 复杂的工作时间计算

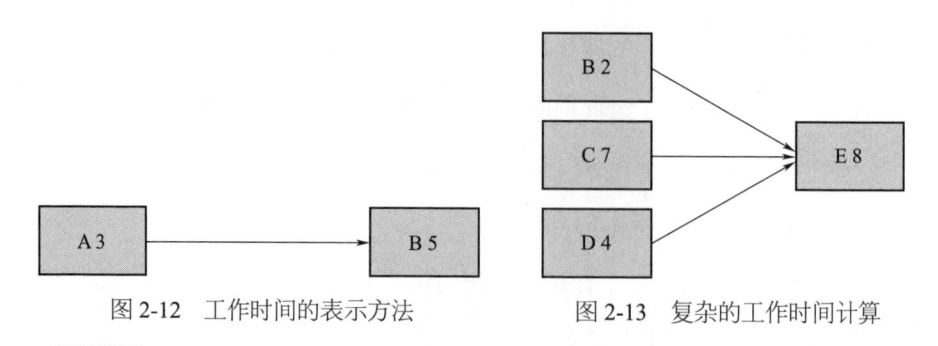

思考题

请运用前面的知识计算一下图 2-14 中，当 G 工作结束，整个任务的总工作时间为几天？

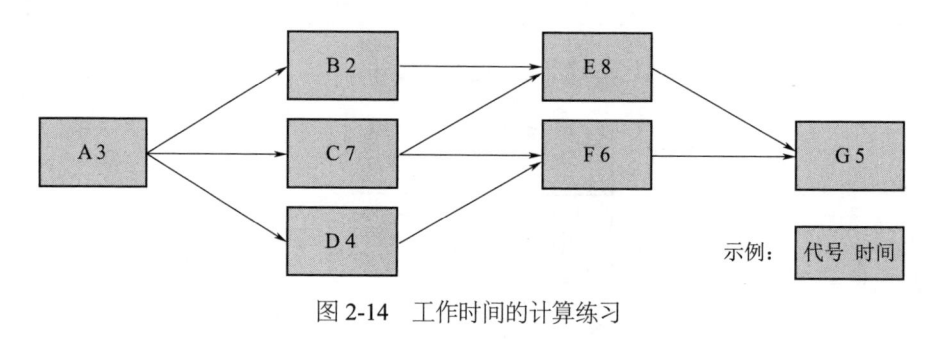

图 2-14 工作时间的计算练习

示例：代号 时间

六、计划的类型及三种常见计划工具

1. 计划的类型

计划实际上是对工作进展的想象。有效的计划将为未来工作的执行、跟踪检查打下坚实的基础。计划分为两种：一种是作业计划，一种是战略计划。本书所谈的计划，更多是指管理者日常工作中的作业计划。

一般来讲，战略计划通常是指长期计划，适用于整个组织，是从组织所处的环境着眼，设立组织的整体目标和策略，对应的是一个较长的时间范围，如三年或五年。

作业计划通常是指短期计划,是实现组织目标过程中基于某项任务的工作及时间安排,对应的是一个较短的时间范围,如一个部门的年、季、月、周计划等。

在组织里,大多数情况下,中基层管理者的计划活动主要是制订作业计划;而高层管理者,特别是大型组织的高层管理者,主要制订战略计划。当然,在中小企业里,企业主要负责人兼管理者的角色这两方面计划都做。

2. 常见计划工具(一):甘特图

甘特图是 20 世纪初由亨利·甘特设计出来的,主要用于安排工作进度。甘特图呈现出各项任务计划在什么时候开始,什么时候结束;各项任务之间的依赖关系;以及各项任务实际进展与计划要求的对比情况。

一张甘特表有三个基本组成部分:

(1)表的左边是任务和分任务的清单;

(2)表的顶端是时间序列;

(3)条形表显示的是完成某一项任务或分任务所需要的时间长度。

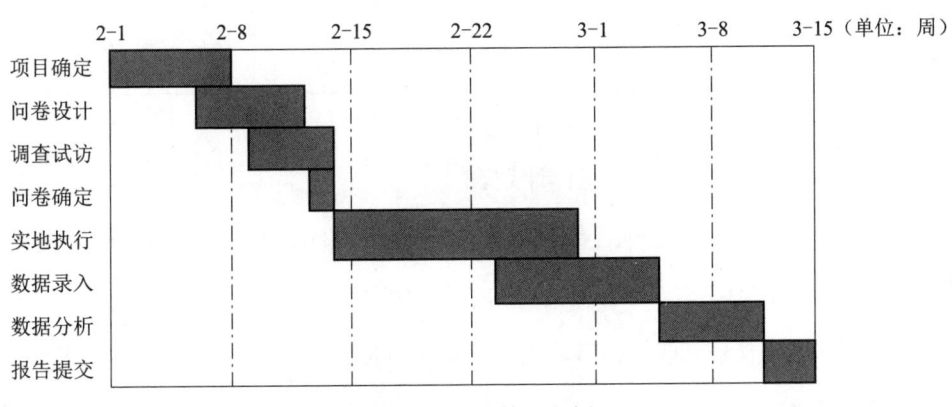

图 2-15 是工作中的一个甘特图实例。

图 2-15 甘特图实例

时间序列上,是采用日、周、月、季度、年作为单位,采用哪个单位主要取决于整个任务历时的长短以及管理者的要求。

在日常工作中,甘特图是管理者们用得最多的制订计划的工具。利用甘特图,管理者可以很容易地了解到哪些任务进展得比预期快,哪些任务出现了滞后,从而对滞后的任务及时采取必要的纠偏措施。

3. 常见计划工具(二):里程碑图

里程碑在汉语里是指,设在道路旁边用以记载里数的标志,通常每隔一段路便设立一个,以展示其位置与特定目的地的距离。其引申的另一个含义是指,在历史发展过程中可以作为标志的大事。

在制订计划时,引用里程碑(Milestone)这个概念,是展示工作任务中的重大事件,是一个时间点,通常指一个可交付成果的完成时间。

管理者通过检验里程碑事件的实现情况,从而控制任务在关键节点上的进展,保证工作任务的实现。图 2-16 是一项里程碑事件的示例图。

里程碑事件	一月	二月	三月	四月	五月	六月	七月	八月
转包签订			▲					
计划书完成				▲				
设计检查					▲			
子系统测试						▲		
第一单元实现						▲		
产品计划完成								▲

图 2-16 里程碑示例

4. 常见计划工具(三):工作计划表

前面讲的甘特图、里程碑图更多的是关注工作计划的进度情况,要想任务在未来可以顺利执行,则还需要准备所需要的资源、费用等。

一般来说,工作计划表包括资源需求计划(如人员、各种资料、设备、外包等)以及引起的费用需求计划。

表 2-2 是某任务的工作计划表。

表 2-2　工作计划表

WBS 工作任务	资源需求			时间序列			估计成本	备注
	资源 1（人力需求）	资源 2（材料/设备）	资源 3（外包）	开始	检查时间	结束		
目标（可交付成果）：								
工作包 1								
工作包 2								
工作包 3								
……								

工作计划一般由目标、WBS 工作任务、资源需求、时间序列、估计成本五部分组成。

①目标：即整个任务最终的可交付成果；

② WBS 工作任务：即 WBS 所分解的最低层的工作包；

③资源需求：完成每个工作包所需的各种资源，包括人力需求、材料/设备、外包等；

④时间序列：完成每个工作包需要多久，对应的开始、结束时间和检查时间，检查时间是指在哪一个时刻要检查方案执行得怎样。

⑤估计成本：完成在每个工作包所需要的费用。当明确了所需的资源需求后，完成每个工作包对应的费用也就有了，费用是否在预算内就成为各级管理者以及财务部门审批的重要依据。

七、番外篇：公司预算及业绩如何增长

1. 公司预算的意义

每年的 9~12 月，不少大公司的各部门就开始忙了：市场销售部门为明年业务到底增长多少费尽了脑筋；制造部门则眼巴巴地等着来年销量的多少来确认明年的生产计划以及未来是否需要增加生产线；人力资源部门则不断与相关部门沟通明年人手是增加还是减少；财务部门则不断与各部门确认相关的费用情况。总之，各部门要针对明年的目标和计划进行协调和推演，让生产预算、人员预算和投资预算与销售预算协调一致，保证计划产能与计划销售相配合，避免因产能不配套导致供货困难与库存积压浪费。

同时，各部门还需按时提交明年的各项成本与费用，并与财务部门一遍又一遍地讨论和调整相应的数字。财务部同事们在最关键的那么几天甚至还要通宵达旦地工作，最终，经过一版又一版更改的预算终于被各级管理者们批准同意，又一个新年度要开始了（有的公司是以 4 月为新一年财年开始）！

为什么企业需要做预算？原因有三个方面：

第一，预算是一家公司年度计划的有效体现形式。

预算是公司对未来的一种预计、判断和推演，是对未来蓝图的一种描述，帮助企业领导者在脑子里形成一个轮廓和画面感，并对下一年将要做的事情有方向感，引领公司各部门正确地去做事。

就如我们前面提到的战前参谋部需要制订详细的作战计划一样，通过预算，企业领导者知道了资源的分布情况，为下一年达成目标做好了准备。同时如果下一年遇到机会或风险时，还可以及时调整和更改。对于企业，今天的决策和准备就决定了明天的生存能力。

第二，有效资源配置。

通过各部门不断讨论，公司通过对预算的推演、质询和分析，对各项投入和资源再次从合理性、效率性等角度进行验证与平衡，最终的目的是将有效的资源达到最优配置。

第三，预算为未来的纠偏提供基础。

公司有了下一年的预算后，就可以在具体执行过程中，通过定期复盘、报告和分析，发现预算执行上的偏差和原因，及时调整策略，改进方案，或者对资源重新调配，使业务重回正常轨道。有效的年度预算是年度公司管理的基准，没有预算，也就无法对过程施加控制。

凡事预则立，不预则废。

预算，是公司年度计划的表现形式，为公司战略落地的每一步夯实基础；同时通过预算也可以评价原来的战略方向是否可行。有效的公司计划，请从做好预算开始。

2. 业绩如何增长：预算里的难题破解

在制订下一年预算中，最难的事情可能就是业绩增长了，因为没有哪家正常运营的公司愿意在制订预算时，会同意相较上一年度业绩目标下调，最终的年度预算结果一定是业绩需要增长！

为什么需要增长？原因非常简单，主要有以下三点原因：

（1）增长是王道，增长是希望。除了应对股东对于投资回报的要求外，对于一个公司来讲，最重要的是业绩增长。公司业绩不增长，就给不了员工对未来的期望。

（2）员工薪水要涨、各类社保要涨、原材料要涨、各种费用要涨，没有增长，这些通通是无源之水。

（3）增长是解决问题最好的良药。当公司不增长时，人与事之间到处充满着矛盾，谁看谁都不顺眼；但如果公司在高速成长，你会发现这一切都不重要，因为公司十倍速的成长足以解决过程中所有各种各样人与事的问题！

那么业绩增长从哪里来？对不同行业来说，答案可能会不一样。

但如果一定要找到各行业增长的底层逻辑，管理者可以用一个模型来阐述业绩增长的来源，如图 2-17 所示。

各个企业在确保自己产品质量及服务质量的同时，其业绩增长来自两大维度：一个来自增量，也叫水平增长，指新的区域、新的渠道、新的业务模式、新的客户、新的产品带来的增长；另一个来自存量，也叫垂直增长，指原有区域、渠道的原有客户带来的增长。

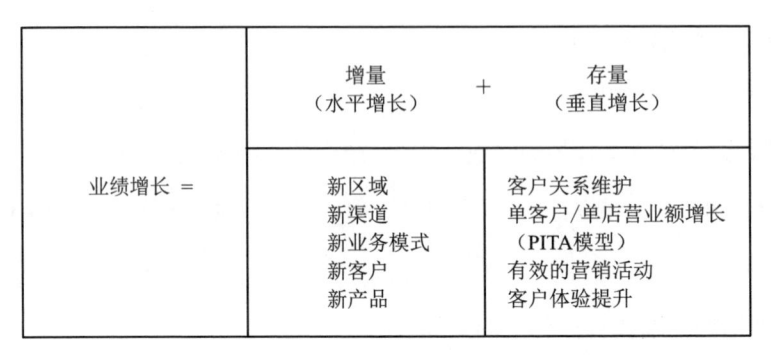

业绩增长 =	增量 （水平增长）	+	存量 （垂直增长）
	新区域 新渠道 新业务模式 新客户 新产品		客户关系维护 单客户/单店营业额增长 （PITA模型） 有效的营销活动 客户体验提升

图 2-17 业绩增长来源

通过这个模型，各企业可以结合自己与社会环境的特点寻找和把握最适合自己发展的机会。

今天，对于线下商超的单点门店来说，除了直播、建私域流量、电商配送等新业务模式外，其他的水平增长可能性几乎为零，那怎么办？只能在存量中去寻找增长的机会。

比如选品，必须选以顾客需求为导向的商品，要选与日常生活息息相关的接地气的商品，因为商品是提升库存周转次数的基本盘。哪怕是多卖了一类切中顾客需求的商品，也能带来一波增长。

比如门店布局，如何用更好的布局为商品添彩，从消费者行走路线、灯光、货架陈列管理等方面来刺激消费者购买。因为好的布局，能更好地呈现商品，让消费者愿意多逛一会儿。这样，消费者就有可能从买一种商品变成买两种商品，从买两种商品变成买四种商品。

比如有效的营销活动，把价格、日常营销、活动促销、服务都紧紧结合在一起，通过这些方式，减少消费者决策时间，让消费者快速下单，产生更多的复购，这样店里库存周转次数的频率才能加快，才有可能实现增长。

前面以商超门店为例子，讲了增长之道。事实上，各行各业都可能找到自己的增长模式，并寻找到自己的核心指标，有人把这个核心指标称为北极星指标。所谓北极星指标,就是它不会让你跑偏,你只要盯着那个指标去走,你就不会走偏,就有可能增长。

3. 从人的角度看增长

作为一名人力资源工作者,当站在公司整体运营角度来看增长时,就会发现除了从增量、存量带来增长外,还有另外一个机会点,即从人的角度出发,挖掘团队的战斗力、执行力,以此带来新的增长,如图2-18所示。

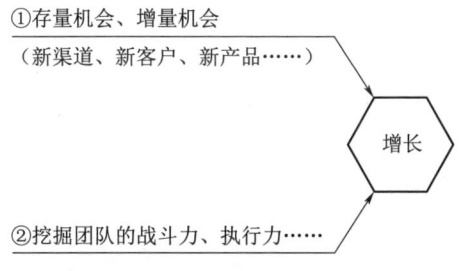

```
①存量机会、增量机会
（新渠道、新客户、新产品……）  ──┐
                                    ├──→  增长
②挖掘团队的战斗力、执行力……  ──┘
```

图 2-18　业绩增长的另一机会点

当团队的战斗力、执行力更强时,团队成员的执行标准就会更高,开发客户、客户成交的能力和意愿度就会更高,寻找新的生意机会点的可能性就会更高,团队合作效率也会更高,这将为业绩增长带来机会！

但很遗憾的是,据笔者观察,在快速消费品饮料行业里,我们的许多管理者,特别是销售管理者,甚至是个别级别较高的管理者都只把目光关注在存量和增量的机会点上,如果没有团队好的战斗力、执行力,再好的生意头脑要想转换为好的生意结果都是一件概率很低的事情。然而这恰恰是公司人力资源部门的机会！

当一家企业在组织赋能、管理者赋能方面都做得不错,团队的战斗力、执行力自然就强,何愁业绩不能增长？

笔记栏

第三章

锦囊3：派活及沟通的艺术

一、如何给员工分配目标

1. 用目标要求员工,而不是用管理者的命令要求员工

上一章,我们谈到管理者接到任务后,不要急着"撸起袖子"就开始干活,而是要先做好明确目标(把任务转化为目标)、分解目标(WBS)、责任分配以及制订计划(甘特图、工作计划表)等前期准备工作。

当这些工作都准备好后(请管理者注意:它们可能不是以书面的形式体现出来,而是在管理者的大脑里),接下来管理者要做的事情就是如何把分解的目标以及相应的计划布置给员工(派活)。

优秀管理者的一个重要能力,就是知道如何给员工派活,而且通过这个过程让员工相信:是目标让他们去追逐,而不是因为这是管理者下达的任务。

有效的派活会让团队任务顺利完成。在这个过程中,管理者围绕着布置任务、传授知识和经验,使员工把握公司的意图和管理者的要求,从而更好地理解任务的性质和内涵;管理者要倾听员工的心声,认真聆听员工的见解和思路,最后让员工清楚地知道承担的是什么任务、涉及哪些方面、成败的关键是什么。

管理者在派活时除了及时、精准外,有三个要点需要特别关注:

第一,不要想当然地认为员工"应该"知道。

在笔者的第一本书《高效员工管理:写给管理者的6个锦囊》曾讲到,管理者常见的心智模式中有"凡事应该如此"这个选项。

比如,"他都跟了我这么久了,应该知道我为什么做这件事""他应该知道怎么去做""他应该会运用这些资源"等等。

管理者掌握的资源信息和员工掌握的信息是不一样的,管理者可能觉得某项任务应该很简单,但员工未必是这样想的。只有让员工了解清楚任务本身,并且双方对任务的理解一致，才能保证任务目标的完成效果。

第二，是"委派"任务，不是"甩派"任务。

英语单词"Delegate"作为动词主要有两个意思：一个是授权，另一个是委派。

从字面意思上看，委派就是管理者把工作分配给别人。但是很多管理者却把"委派"当成了"甩派"，认为工作既然已经安排下去，自己就不用操心了，等着员工呈交完美结果就好了。

如果管理者是这样的心态和想法，只能说明管理者的职责还没搞清楚。

第三，善于运用方法与工具。

管理者布置任务的时候，除了运用"五角星"模型（本章第二节内容）把任务表达清楚外，还可以运用一定的方法和工具。

比如，管理者在陈述任务目标后，可以问员工："可不可以告诉我，你对这个任务目标的理解？"也可以这样问："这个任务你打算怎样做？"或者是"请重复一下刚才给你说的三个步骤。"等等。这样问，你会看到员工接收的信息和你表达的信息之间的差距。

2. 让员工相信分配的目标是公平、合理的

在第二章，我们谈到"目标要符合 SMART 原则"，但在实际工作中，员工在接到目标时，还会思考另一个问题：这个目标对我来说，是否是公平、合理的，这里的"公平、合理"主要是与其他人相比。

比如，当管理者接到的总目标是销售额增长 15%，为了彰显公平，很自然地就把团队目标按每个人增长 15% 分配了下去，看似很公平、很合理，却没有考虑到每个员工所处的客观环境和自身能力的不同。简单地平均分配目标和资源，反而会让员工觉得管理者是个外行。

怎样才能定出让团队每个成员都服气的目标，把任务真正分配下去呢？管理者可以从以下三个原则来思考。

第一个原则："好地种好粮"，反对目标的平均主义。

以快速消费品饮料行业为例,销售经理们必须对自己的业务领域有清晰的理解和认识:生意基本盘在哪里?增长的机会点可能会来自哪里(渠道、客户、新品等)?员工的能力水平如何?

此时,在分配目标时才能做到把"好粮"种到"好地"上,让优秀的员工或者团队,或者高增长的机会点来承担更高的责任,出更多的业绩。

比如,随着京东到家、社区团购、超市到家配送的兴起,在电商这个细分渠道里,每年有 30% 的增速,那么负责电商的员工和团队就需要有 30% 增长的目标,以实现跑赢大盘的目的,而不能再以平均 15% 的增长为目标。

第二个原则:从过去看未来,稳住公平、合理基本盘。

还是以快速消费品饮料行业为例,当销售经理接到下一年(或下个季度、下个月)的销量(或收入)任务时,如何给员工分配相应的销售(或收入)指标,而不会让员工觉得受到不公平的对待呢?

假设公司分配给张经理下一年(或下个季度、下个月)中一个最重要的目标是一千万销售收入,张经理要给 8 位业务人员分配目标,怎么分配呢?

此时,张经理就需要运用历史数据来预测未来。他可以看 8 位业务人员在过去 6 个月的销售收入与团队销售收入的占比(假设权重为 60%),同时还应考虑去年同期的销售收入与团队销售收入的占比(假设权重为 40%)。

假设:某位业务人员 A 过去 6 个月销售收入占比为 11%,去年同期销售收入占比为 13%。

那么业务人员 A 的销售目标为(11%×60%+13%×40%)× 1000 万 =118 万元

那 118 万元是不是 A 的目标呢?

还不行,张经理还需要根据市场客观情况的变化做出调整,比如张经理知道业务人员 A 所负责区域里的一家超市上个月关门了,该超市的业绩比重占业务人员 A 不小的份额,此时他就需要做一些人为的调整,以确保每一位业务人员的目标接近公平、合理。

当然，为了避免张经理出现假公济私的现象，可能公司还会给张经理一个正负5%的调整范围权限。

此时可能有读者会问，那如果没有历史数据怎么办？

如果没有历史数据，就要去收集行业数据。销售经理只有对业务的预判能力越来越准确，对团队的控制力才会越来越强！

事实上，除销售部门外，其他部门如技术部、人力资源部、制造部、物流部的管理者，也要善于利用具体的数据作为员工任务分配的指引。

第三个原则：任务过程需要不断迭代调整。

管理者要知道：即使是从过去看未来，目标也不一定完全就是合理的，因为目标是对未来的预测。再有经验的管理者，也不可能对业绩目标做出100%的精准预测，只能做到尽可能地接近合理。

因此，销售经理最好的办法就是持续迭代，在任务过程中不断调整目标。

举个例子，公司有8个区域的销售队伍，在季度定目标时按第二个原则分配下去了。一个月过去了，有的区域进度很快，有的区域进度却很慢，这也很正常，因为市场总是不断变化的。

此时销售总监应该怎么办？

销售总监常见的错误做法是"鞭打快牛"。也就是说，让做得好的区域团队把做得差的区域团队指标全部扛过来。这样做，好的区域团队就会觉得自己还是少做一点吧，要不然下个季度又得多做；而完不成任务的区域团队就会觉得，反正有人帮忙，于是不紧不慢，没有一点紧迫感。

销售总监正确的做法是要临时调整目标,比如把达不成目标的销售区域的差额，拿出一半加到做得好的销售区域上，给他们定更高的目标。

当然，作为回报，增加目标的销售区域，年底优秀员工的比例、年终奖系数、优秀员工的旅游名额等也要相应地增加。这样可以做到奖励先进，鞭策后进的目的。

同时，慢慢地整个销售团队里还会形成一种互帮互助的气氛。大家不再是各自为战，而是"胜则举杯相庆，败则拼死相救"！理解目标分配背后的底层逻辑，会派活是管理者的一项关键能力！

二、"五角星"模型：给员工派活的利器

1. "五角星"模型介绍

上一节，我们谈到管理者派活的重要性，那管理者在布置任务时应该如何与下属进行有效沟通？

我们就介绍一个派活利器——"五角星模型"（见图3-1），管理者通过这个模型在每次进行任务沟通时就不容易遗漏事项，并达到清晰准确派活的目的。

①任务描述及可交付成果（目标）

⑤跟踪衡量标准　　　　　　　　　　②任务缘由（背景）

④可用的资源　　　　　　　　③将会面临的挑战

图 3-1　派活"五角星"模型

① 任务描述及可交付成果：指的是对任务的总体描述以及可交付成果（即目标），这是任务最重要的信息。其中，可交付成果（目标）要可衡量、可量化。

比如，你交代员工到对面的文具店买复印纸，说："请帮我到对面的文具店买包复印纸。"此刻，他99%的概率会给你带回一包A4的复印纸。

你有点生气地说："没看我要打印的是机械图纸，A4纸怎么打印，我要的是A3纸。"员工回答："您没有说是A3纸呀！"

你更生气了："我没说清楚，你就不会问吗？"

你看,都是员工的错!

其实,你可以这么说:"请帮我到对面的文具店买两包 A3 的复印纸,是 A3 的,两包一共 1 000 张",这样是不是就非常清楚了?

② 任务缘由(背景):即 Why,为什么要做这件事情,缘由是什么或者背景是什么。

按照作家西蒙·斯涅克在《从"为什么"开始》书里提到的"黄金圈法则"的概念,说清楚 Why"为什么做"是员工行动的动力来源之一。

但日常工作中,管理者好像不是特别乐意讲清这件事情的意义或者认为员工"应该"知道,从而失去让员工付出更多能量的意愿。

③ 将会面临的挑战:指的是员工去执行这件任务时,可能会有各种突发情况,作为管理者,经验及阅历都比员工更为丰富,对可能会面临的挑战或者风险会有一个预判以及相应的预案。此时管理者可以把这种预判以及应对的预案方法告诉员工,让员工在执行时可以顺利进行。

④ 可用的资源:指的是完成任务的相关费用以及公司提供的各种资源,包括公司的各种促销活动方案,或者是公司提供的车辆、辅助支持的人员等。

⑤ 跟踪检查标准:指的是管理者对员工讲清楚会如何对此任务进行跟踪,我们常说"授权不授责",任务交代给员工完成,但完不完得成是管理者要承担的责任。

2. "五角星"模型在生活及工作中的实战运用

——生活案例:妻子运用"五角星"模型交代丈夫下班回家时买车厘子——

"你下班回家路上经过百果园水果店时买五斤 JJJ 级的车厘子回家(任务描述及目标);儿子和女儿都很爱吃,而且明天上学时还要带去学校(任务缘由);不要买成樱桃,记注它们之间的区别是:车厘子颜色暗红,樱桃一般是鲜红,车厘子果肉比较厚,而樱桃果肉薄(将会面临的挑战);算了算了,如果实在不懂,你就问店员吧。他们店的价格还算公道,童叟无欺,不会骗你的(可用的资源);你买好后,记得发个微信给我,免得忘了这事,我还要跑一趟(跟踪衡量标准)。"

——工作案例：快速消费品饮料行业销售主管，早会安排员工开发直营客户新任务——

"各位同事，按照公司最新的指示精神及要求，从下个月起，每个销售业务人员将有一项新的任务——开发直营客户。每位同事需要开发的直营客户数已写在业绩看板上，请各自了解（任务描述及目标）；公司的战略是把渠道牢牢地抓在自己手里，所以我们需要做这件事情（任务缘由）；当然有一些客户会觉得原有的模式挺好的，已经习惯了，可能不愿意转，此时就更加需要各位同事们把转直营客户的好处讲给客户听，比如价格优势、周转更快、货龄更新等（将会面临的挑战）；另外，销售支持部门也把公司政策以及相应话术以PPT的形式发给大家，请大家检查确认（可用的资源）；请大家按计划进行，我将会每周与大家跟进相关的进度情况（跟踪衡量标准）。"

当然，"五角星"模型的作用是视觉化把派活的五个关键要点表述出来，清晰明了、容易记！但在具体实际工作中，管理者还是需要根据员工不同的情况对"五角星"模型灵活运用。

三、让派活更加精准、有效

为了让员工更好地接收并执行任务，管理者还可以运用以下三个方法来让派活更加精准、有效。

方法一：根据听众设计语言

——案　　例——

你现在正在和你的朋友王华一起吃饭，此时，你接到你母亲的电话，她问你正在做什么？

假设你知道你母亲认识王华，你会如何回答？

你会说"我和王华在吃饭"。

第三章 锦囊 3：派活及沟通的艺术

假设你知道你母亲不认识王华，你会如何回答？

你会说"我和一位朋友在吃饭"。

这就是根据听众设计语言！

在工作中，管理者需要有意识地把这种能力运用到工作中。下面请看一个销售主管对销售业务人员交代任务的案例。

"你今天记得把乐销通带上，记得要签 10 家 TOP 客户，要确保 10 家有 8 个 SKU（商品存货单位）陈列的客户，另外，你上 DME 系统查一下，看有几家客户收到费用返还，让客户在智付通上通过法大大电子签名。"

如果对一名资深销售业务人员，这么交代任务当然没有问题，但对于一名刚加入公司的销售业务人员来说，他基本就"晕"了，因为他几乎听不懂！

所以管理者在派活时，还需注意根据不同听众对象设计不同的语言，以达到双方全面理解的效果。

方法二：让下属复述并倾听建议与想法

据闻，日本企业管理者给员工部署任务时，至少要说五遍。以下是节选樊登《可复制的领导力》的案例：

第一遍，管理者："渡边君，麻烦你帮我做一件××事。"渡边君："是！"转身要走。

第二遍，管理者："别着急，回来。麻烦你重复一遍。"渡边君："你是让我去做××事对吗？这次我可以走了吗？"

第三遍，管理者："你觉得我让你做这事的目的是什么？"渡边君："你让我做这事的目的大概是咱们这次能够顺利地召开培训，这次我可以走了吗？"

第四遍，管理者："别着急，你觉得做这件事会遇到什么意外？遇到什么情况你要向我汇报，遇到什么情况你可以自己做决定？"渡边君："这件事大概有这么几种情况……如果遇到 A 情况我向您汇报，如果遇到 B 情况我自己做决定。您看可以吗？"

最后一遍，管理者："如果让你自己做这件事，你有什么更好的想法和建议吗？"

渡边君："如果让我自己做，可以在某个环节……"

其实日本企业"布置任务五遍沟通法"就是"五角星"模型的一种运用。

当管理者运用"五角星"模型完整地表达任务后，为保证任务有效地执行，此时管理者还可以让员工复述并倾听员工的建议与想法。

复述就是让员工把任务复述一遍，这样的好处是确保双方的信息对称，不会出现偏差，杜绝员工误解，确保后续动作不会跑偏。

而让员工表达建议与想法，是可以让员工有参与感，而且如果员工的建议与想法有可取之处，也可以采纳，这样可以让任务能更加高效地完成。

通过"五角星"模型辅以员工复述并倾听建议与想法，可以最大限度地保证管理者和员工都充分理解了这件事情的本质，彼此朝着一个方向使劲，确保"一次做到位"，避免了"重做"的烦恼，以达到整体协同的有效性。

"磨刀不误砍柴工"，管理者在派活时不要怕啰唆、不要怕麻烦！当员工对任务了然于胸，同时对各种突发情况、场景都有预案了，再去执行，此时就可以更好地接近管理者最初设定的效果！

方法三：运用辅助工具

管理者要让派活更加精准、有效，除了前面讲的两种方法外，还可以运用一些辅助工具来达成。

比如，销售团队在开早会时，销售经理除了口头或用PPT投影方式运用"五角星"模型传达任务外；还可以把任务清单打印出来，人手一份，确保理解一致！

比如，利用看板，把每个小组的任务写在白板上，然后请相关责任人在任务后面，签上自己的名字，还有交付日期。并且把白板放在员工都看得到的地方，用群体监督的力量，让每个人盯住自己的目标。

再比如，有的公司对于子公司或分公司的高管，每年都会有《目标责任协议书》，并运用仪式感，隆重地把协议书签了。这样做，一方面是白纸黑字，把任务明确清楚，双方理解一致；另一方面是利用人的潜意识里都会有言行一致的心理倾向，说了就得做到，让对方在心里有承诺感，正如古语所讲"说出去的，轻如鸿毛；写下来的，一诺千金"。

派活（布置任务）不是简单的执行指令，而是管理者与员工双向有效沟通的过程，通过这个过程双方对这项工作的目标、过程、反馈非常清楚，从而达成共识，为交付结果打下坚实的基础！

四、掌握三种沟通技能：表达、聆听、回应

在组织里，无论何种沟通方式，最终目的无非是两个：第一是信息分享，比如公司的新闻公告、制度发布等；第二是达成共识，即双方达成共同认可的计划、行动、方案等。比如下面的语句：

"他很难缠的，我很难说服对方！"

"我都说了好几遍了，可他就是不听！"

"我说的一点都没错，你怎么就是不听呢？"

"我都讲得这么清楚了，你怎么还是不懂？"

这些都表明双方没有达成共识。

在各式各样的工作沟通方式里（面对面、电话、电子邮件、信函/备忘录、公文/广告、社交媒体），面对面是频率最高、最常见的沟通方式。在沟通中，表达、聆听、回应则是管理者们应掌握的三项基本技能。

1. 表达

市面上关于如何表达的书有很多，里边讲的一些表达技巧也都非常实用，比如：

①表达要说得清楚，让对方听得到、听得明白。

即，表达时音量够大、咬字清晰，尽可能避免出现"灰机灰来灰去（飞机飞来

飞去）""一月混（份）我做了些什么，二月混（份）我做了些什么"这样带地域乡音的语言。

②分析你的听众，根据听众设计语言。

具体来说，就是表达前要了解对方的需求和期望是什么，然后再做出恰当的表达。

——案　　例——

古时候，有一个秀才去买柴，他对卖柴的人说："荷薪者过来！"卖柴的人听不懂"荷薪者"（担柴的人）三个字，但是听得懂"过来"两个字，于是把柴担到秀才面前。秀才问他："其价如何？"卖柴的人听不太懂这句话，但是听得懂"价"这个字，于是就告诉了秀才价钱。秀才接着说："外实而内虚，烟多而焰少，请损之。"意思是：你的木柴外表是干的，里头却是湿的，燃烧起来，会浓烟多而火焰小，请降些价钱。

可此时卖柴的人听不懂秀才的话，便担着柴走了。

③多问开放式问题，少用封闭式问题。

封闭式问题很简单，就是可以用是或否来加以回答。

比如：我问你，今天中午你吃的是面吗？你可以说是或者不是。今天你穿那么多是因为天比较冷吗？你可以说是或不是。

封闭式问题最大的一个缺点就是自己习惯用固有思维来判断对方的逻辑。比如你家孩子这次没考好，你上来就问：这次分数没考好，是不是最近没用功？你看，你的潜台词已经先入为主了，已经判定他没用功！

而开放式问题则是需要双方给具体的信息，比如，你给了对方一个报价，对方拒绝了，你问，"是什么原因呢？"这就是开放性问题。你需要对方提供更多的信息，从而让你的判断更加精准。

所以在对方沟通时，多问些开放式问题更有助于你对信息的搜集并做出判断，避免从自己的经验和已知的预设出发进行沟通。

④表达的是观点，而不是情绪。

在表达时，我们要用最简洁的语言把观点表达清楚，如果你真的很生气或者痛苦，也可以用最简单的语言表明自己生气了，很痛苦。这一点在工作中尤其重要，我们需要表达观点，这是工作职责，但不需要过度表达情绪，因为情绪会非常消耗我们自己和对方的精力。

⑤肢体语言的有效运用。

心理学家艾伯特·梅拉比安认为信息的全部表达：7%取决于所说什么，38%取决于你是怎么说的，55%取决于肢体语言交流。

肢体语言包括面部表情、语音声调、姿势、着装或任何其他表达信息的肢体动作等。有效肢体语言运用将有助于表达者更加精准地表达其真实意思，达成表达效果。

许多管理者沟通表达时都有一个通病，那就是说话没有条理，思维不够清晰！造成这样的原因主要是表达时的逻辑性和结构化不够好，如何解决这个问题，这里介绍一个实用的"总—分—总"菱形表达模型，如图3-2所示。

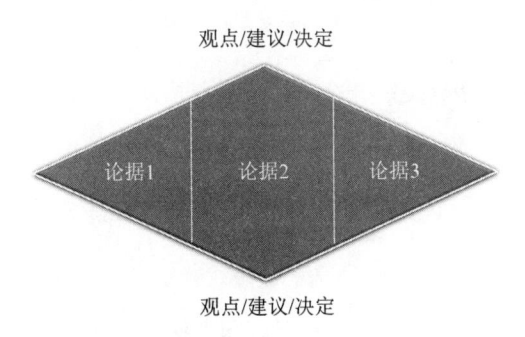

图3-2 "总—分—总"菱形表达模型

"总—分—总"菱形表达模型要求管理者在表达时，先把自己的观点/建议/决定抛出，然后再把支持的归类的论据一一呈现，最后再重复一下自己的观点/建议/决定。

"总—分—总"菱形表达模型其实是运用了结构化表达的金字塔原理，帮助管理者把要表达的内容呈现出有明确的观点、有清晰的逻辑关系以及结构，既有重点又有说服力，让双方能够更加容易地获取表达者的信息。

这里举一个向客户销售公司的系统解决方案的例子。

——案　　例——

王总好，我建议您可以考虑我们公司的系统解决方案。我们这个方案的最大特点是具备极强的稳定性和可靠性，能够支持庞大的信息数据流通。行业里的Q公司、W公司、K公司均在使用我们公司的这个方案。我们公司24小时配有专人维护，出现问题随叫随到。另外，我们的系统搭建和调试上线时间能控制在5天之内，整体价格比同行低20%。相信您使用了我们的系统解决方案后，会更加促进公司的生意增长。

另外，也鼓励管理者平时有意识锻炼"麦肯锡30秒电梯"法则，这是麦肯锡要求他的每一个咨询顾问，都必须有在30秒里向客户介绍方案的能力。当管理者把"总—分—总"菱形表达模型以及"麦肯锡30秒电梯"法则练熟练以后，其表达能力会有很大提高！

2. 聆听

我想我受到最大的尊敬是：一个人问我的想法是什么，然后专心听我回答。

——亨利·大卫·梭罗

聆听是指集中精力、认真地听。语出汉杨雄《法言·五百》："聆听前世，清视在下，鉴莫近十斯矣"。

从字面意思来看，聆字左耳右令，左边的"耳"代表是用耳朵听，右边的"令"意为"吩咐"。"耳"与"令"联合起来表示"倾听吩咐"，以示对对方的尊敬。

英文里关于"听"，有两个词，一个叫 Hear，一个叫 Listen。Hear，指的是由物理震颤，影响到我们的耳膜震动，人的听觉系统收到了声响。Listen，指的是把你的注意力，也就是你主观的关切，投射到听觉上来，从而真正能够听到那些你需要听到的声音。

第三章 锦囊3：派活及沟通的艺术

《高效能人士的七个习惯》一书中，作者史蒂芬·柯维在第五个习惯"知彼解己"里就谈道，"听"主要有五个层次，分别是：听而不闻，假装在听，选择性地听，专注地听，深度聆听，如图3-3所示。

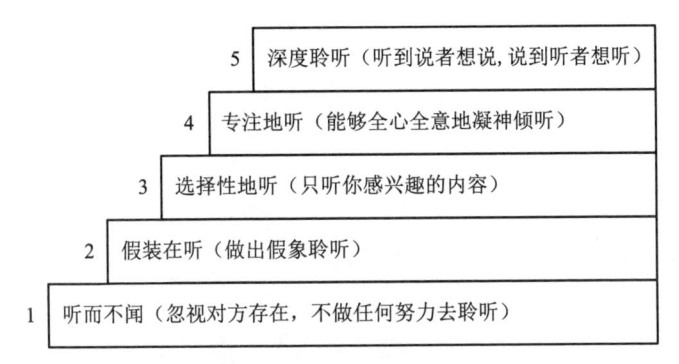

```
5  深度聆听（听到说者想说，说到听者想听）
4  专注地听（能够全心全意地凝神倾听）
3  选择性地听（只听你感兴趣的内容）
2  假装在听（做出假象聆听）
1  听而不闻（忽视对方存在，不做任何努力去聆听）
```

图3-3 听的五个层次

从这五个层次来看，听的最高境界就是：听到说者想说，说到听者想听。而在这个过程中需要聆听者专注、彼此同频、适度目光交流等肢体语言，避免小动作以及如手机之类的影响。

善于聆听的管理者总是可以给员工更多信任的氛围，激发员工畅所欲言，这样不仅可以让管理者获得重要的信息，更有助于管理者做出正确的决策。

然而事实并没有这么理想，史蒂芬·柯维表示："听的人基本在做两件事：要么说话，要么准备说话"。

大部分人在倾听时，并不是真的想理解对方，而是为了做出回应。

如何做好聆听，以下是三个建议：

第一，放下大脑中想象的内容和执念

——案　　例——

有一次，我爱人和我儿子不知在谈论什么，谈着谈着就发生了争吵，我爱人很生气地对我儿子说："你不想读书，那你想干什么？扫大街吗？"

我儿子突然很严肃地说："妈妈，你再说一遍你刚才说的话。"

我爱人吓了一跳，磕巴地说："你不想读书，你想干吗，扫大街吗？"

此时，我儿子大声地说："你根本就没有在听我说什么，我说的是我不想把所有的时间都用来读书，你没在听我说，你只是听到你自己想听的内容而已。"

听完我儿子的话，我突然意识到：有时我们只是听到自己想听到的内容！

我们经常在没有听清楚对方说什么之前，在没有把事情的来龙去脉搞清楚之前，就匆匆忙忙地妄下断言，并盲目自信地以为：自己的直觉和判断总是对的，但结果往往是错的。

所以管理者在与员工沟通倾听时，可以问自己：

"我们听的时候是带着一个自己的看法去听，还是在不带任何设想的前提下去听？

"我们听到的只是自己喜欢听到的那一部分，还是听到了对话的全部？

"我们听到的是事件的真实内容，还是听到我们对这个事件的经验判断？"

聆听，就如一个杯子，如果杯子里装满了水，再往里加水，水就会外溢。只有杯子有空间的时候，方能盛装外来的水！所以，管理者只有放下成见，开放自己的空间，才能有效地聆听。

第二，请勿急于表达自己的观点

管理者有时会认为只有说话才是表达自己、说服对方的唯一有效方式，所以下意识地在对方还未说完的时候，就迫不及待地打断对方！而成功的职业经理人，在沟通过程中都是让别人先说，他们最后说。

其背后真正的原因有两点：

①当你听得越多，意味着对方说得也就越多，你对信息的理解和获取也就越饱满，你对情况的掌握也就越多，当对方在合适的表达状态中，你已经处于一个有利的地位，因为你掌握了对方更多的信息。

②聆听是一种给予对方能量的过程。在这个过程中，对方会感受到你尊重他，在意他的情绪，当彼此间达到同频共振，彼此的沟通信任氛围也会建立起米，也更容易引发共鸣。

沉默是金，倾听是玉。稀缺的不是知识和观点，而是愿意听观点的人。管理者们聆听时切记：谋定而后动。

第三，区分想要与需求

当你真正聆听时，也就是能把注意力真正集中到一个人身上时，往往会听到很多重要而细微的"声音"。

这种"声音"，可能不是对方的言辞，也不是对方的态度，而是对方的真实内心需求！

管理者在这个过程中，可以学会一个技巧：区分想要与需求。

比如，"我想到小店要一碗面"，表面上，他想要的是一碗面，但实际上他真正的需求是"我饿了"。

区分想要与需求对管理者有什么好处呢？因为这可以让管理者更加精准地处理问题。

想要，其答案几乎只有"YES"或者"NO"。而需求有许多种解决方法，"饿了"的解决方法除了吃面，还可以吃水饺、炒饭等。

古人云："听话听音，锣鼓听声"，当你真正在聆听时，你会捕捉到对方的需求，有时你的沟通对象即使没有说，或者没有正面说，但他们的需求，你依旧可以接收得到。

3. 回应

——案　例——

许多年前，那会儿还是 8:30 上班，我因着急向一位同事要数据，发现她还没到办公室。于是，我让一位刚参加工作的员工（小伟）去问她什么时候能到。

结果，我在办公室等了一会儿也没见小伟过来找我。

于是我就出去找小伟，找到后问他："有消息了吗？你怎么不反馈给我？"

小伟回答："我打电话了，她十分钟后到，您没有问我呀？"

小伟的回答让我哭笑不得，我只好耐心地告诉他：有回应并且是及时的回应才是有效沟通的过程。因为沟通 = 表达 + 倾听 + 回应，是一个完整的、双向的过程，只有发送者把自己想要表达的信息发送给接收者，接收者根据这些信息给发送者一个有效的回应，这个沟通过程才算完成。

回应有时是为了更好地确认对方的信息，比如在较高档的餐厅里，当客人点完菜后，服务员都会当着客人重复客人点的菜。这就是一个典型的复述回应过程，以确认双方的理解是一致的。

另外，正向的回应还可以帮助双方快速建立起信任的关系。比如一位顾客走入店里，导购问："请问有什么可以帮助您的吗？"

顾客："我想给我先生挑一个结婚二十周年的礼物。"

导购："哇，二十周年结婚纪念，真为你们高兴！你希望是哪方面的礼物？"

在这里，导购运用的就是正向的回应，快速拉近和他人之间的距离，为下面的销售做了很好的铺垫。

回应除了要及时，确认和正向外，管理者还可以将"十字区分法"有效地运用在回应中，如图 3-4 所示。

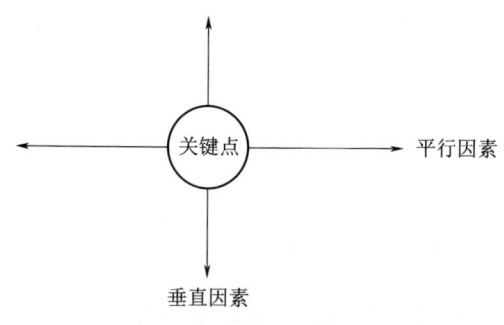

图 3-4　十字区分法

举一个例子，你在家居城里看上一套很不错的沙发，你问导购多少钱？

导购回答："三万元。"

你说："太贵了。"于是双方快速进入价格拉扯中，而这也正是商家所期望的。

此时你可以用区分的方法，把价格先放一边，回应对方："还有别的吗？"

意思就是除了价格外，与之平行因素的其他维度的信息如何，这样你可以保证所有的重要信息都没有遗漏。比如，是否有附加价值，是否有定期的售后服务等。

这样做的好处是：把所有的信息都收集到后，然后聚焦在关键点——价格上。

从平行因素的角度沟通完后，管理者还可以从垂直因素的角度进行沟通。

还是上面的例子，你在家居城里看上一套很不错的沙发，你问多少钱？

导购回答："三万元。"

此时，你说："为什么这么贵？"其目的是围绕价格这个关键点的纵深进行更多的信息收集。

那么，接下来对方就会给你介绍产品材质、做工、设计、质量等。

此时，你可以围绕这些因素运用"5WHY分析法"来追究为什么支持这个价格。

当对方无法逻辑自洽解释报价的时候，此时你的价格主张就会变得特别有意义。

请记住，有效的回应应该是：及时，确认对方的信息，正向的，全面信息收集。

五、工作中常见的四种沟通情形：说服、辩论、谈判、命令

有效沟通是管理者开展日常工作的一项必备技能，管理者在工作中的沟通情形主要有四种，分别是：说服、辩论、谈判、命令。

1. 说服：面向上级管理者、客户推销方案时

说服是指，当你在沟通中进行了形势的预判和分析，发现事情的最终决定权是在对方，而你完全没有决定权时，需要运用的沟通策略。

工作中哪些情况需要说服？在面对你的上级管理者、客户推销方案时，你就需要说服。

举个例子，作为销售业务人员，当你热情洋溢地向客户介绍公司的产品时，客

户买还是不买,不是由销售业务人员决定的,决定权是由客户决定的。

面对你的上级管理者也是一样,决定权在他,当你向他推销你的观点和建议时也是无法"强买强卖"!

遇到这种情况时,你该怎么办?

许多讲沟通的书以及社会上的培训课程会教大家要积极主动、及时请示汇报、多提解决方案等,这些都正确,但这些都是从"术"的层面来解决,没有谈到关键点上。涉及"道"的层面,你只能运用"说服"来施加影响!

而"说服"的最好方式就是站在对方的角度和利益说话。对方要么在职位、经验上比你高,要么和你有不同的利益诉求,不管你认为自己多占理,决定权还是在对方手里,因为这是双方的势差造成的。所以,说服对方的过程,要从一开始,就要站在对方的角度去思考问题,找出对方的利益相关。

举个例子,作为可口可乐的一线业务销售人员,当首次面对新客户时,最有效的成交方式就是运用事实及数据向客户讲"利润的故事"。

客户的每月利润 = 每箱可口可乐的利润 × 每月周转的箱数

不要小看这个公式,在各产品每箱利润差不多的情况下,可口可乐饮料的周转箱数就是一个大卖点,就可以向客户证明双方合作对客户是有益处的!

当一位销售业务人员越会讲"利润的故事",说服客户的可能性就越大,成交的机会就越大!

再举个例子,工作中上级管理者要安排一个新任务给你,可是你认为自己目前工作量已饱和,忙不过来。此时要如何说服上级管理者不安排新任务给你呢?

千万别只站在自己的角度思考这个问题,跟上级管理者说,自己事太多了,忙不过来!如果这么说了,上级管理者理解的可能不是你"工作量大"这个信息,而是认为你在抱怨、你感到不满,你觉得给的压力太大了,进而上级管理者的判断可能是你能力不够、工作没效率,或者想偷懒。

站在上级管理者的角度,他最关心的可能不是你是否太辛苦,他关心的是部门

第三章 锦囊 3：派活及沟通的艺术

工作能否如期顺利开展。

因此你可以站在上级管理者的角度这么说："如果您要增加新的任务，按目前的工作分配，有可能会因为这个任务成为瓶颈而拖累部门整个工作的进度，所以请您帮我理清优先级，减去低优先级的项目，或者增加人手。"

此时上级管理者会觉得，你是站在他和公司的角度提醒他：事情可能真忙不过来了，出了差错会拖累部门工作的进度，从而影响上级的业绩。

说服上级管理者，先要摸准上级管理者的真正需求，而不是你以为的需求。不要凭猜想，而是站在他的角度思考这件事情。

总结一下，与上级管理者沟通，要尊重上级管理者的权威，明白和认可上级管理者的意图，先与他的大方向保持在同一个频道，不要急着反驳。在大方向达成共识后，站在他的立场摆事实、讲道理把利益点说清楚，并以"建议者"的身份提意见，以"执行者"的心态向上级管理者表达决心。此时你的说服概率就会得到提升！

——案　例——

王伟是某公司研发部经理，一天，李总把他叫进了办公室，很生气地说道：

"我一连好几天看到你部门的小李迟到，你部门是怎么搞的，员工这么散漫，你平时都是怎么管理的？"

"李总，您说得很对，我也批评过他了，就算家里有事，也不能三天两头迟到。"

"小李家里有事？"

"是的，他母亲最近做了一个大手术，他每天下班后都要去医院照顾她，有时半夜才能回家。"

"哦，那你们要多关心他一下。"

"会的，我们已安排人去看望他母亲了。另外，李总，我们部门调整了一下工作安排，把他手头上的一些重要事情让其他几位骨干先分担一下，保证我们的项目进度按公司的计划进行！而且小李也说了，等他妈妈恢复后，他会加倍努力，以感谢团队给他的支持。"

"嗯,很好,这样互帮互助的团队才有战斗力!继续加油!"

《影响力》这本书里介绍了说服他人的六种技巧,分别是:互惠,稀缺,从众,权威,一致性和承诺,喜好。在商业领域里,这六种技巧被商家运用的较为广泛。比如:

①互惠:"双十一"各电商平台里厂商的降价等促销活动吸引消费者购买,是典型的互惠说服。超市里的试吃服务,也是运用互惠原理,通过试吃,让顾客买更多商品。

②稀缺:某些手机厂商运用的"饥饿营销"就是用了稀缺性这个特点。

③从众:各电商平台里的商品下面会写"已拼10万+件"或者"月销5 000件"抓住的是人们的从众心理。

④权威:当你进入一家略有档次的餐厅时,服务员递上一本菜单,头几页里的菜品宣传页上写着"大厨推荐,二十年口口相传",就是运用权威的方法。

⑤一致性和承诺:服装店的导购特别热情让你试穿,还会让你在镜子前多照照,慢慢你就会对衣服有好感,一致性初步建立。

还有,各电商平台常常会提醒你的"常买物品",意思就是你上个月买了,这个月大概率还会买,一致性!

⑥喜好:因为是某位名人的同款衣服,所以你就买了,爱屋及乌。

当管理者面对上级管理者、客户时,可以把这六种方式有效灵活运用。

2. 辩论:与平级沟通相持不下时

在正常开放、信任、协作的组织里,平级部门沟通讨论一件事情,理论上是谁的方案对公司生意更有利、更符合客观情况,谁的方案就被采纳!因为在组织机构里,平级关系是具有相对等同职权的横向关系,彼此之间没有奖的手段,也没有罚的权限。

在平级关系中,彼此间表达善意并主动帮助对方、提供信息,彼此尊重,换位思考,互惠互利,建立信任关系是平级关系形成良好沟通的基础。

当你和另外一个跟你平级的部门管理者对某项工作的认知出现了严重分歧时，导致无法配合或者工作无法进行，且对方都无法退让时，最好的办法就是辩论，而决定胜负的不是双方，而是第三方，即你们共同的上级管理者，或者是公司的一把手。

管理者在工作中遇上辩论这种情形时怎么办？以下是三点建议请收藏：

第一，明确谁是关键决策人。

有时候平行部门之争，发展到后面往往已不是单纯的事实与逻辑的讨论，而是变成了部门之间的利益相争。

此时，当你认知到对方的建议与要求对于自己的方案或者对公司的利益并无益处，且你意识到双方无法达成共识时，请不要再浪费无谓的时间尝试说服对方。

此时，你需要选择一个有第三方在的场合，提出这个议题，进行辩论！这个第三方，一定是关键决策人，只要他站在你这边，你就能赢！

这里的辩论本质上不是一种正面对抗，硬碰硬的技术，而是借助外力，迂回取胜的有效方法。

第二，不是对方错了，而是你的方案更符合公司长远利益。

辩论的主轴不是证明对方错了，而是证明你的观点、方案更符合公司的长远利益。

因此，在辩论过程中要牢牢记住，把焦点放在观点与方案如何对实现公司的业务目标更有帮助上，而不是情绪上头，去贬低对方，甚至对对方进行人身攻击，损害对方的尊严。

第三，明确底线。

当然，辩论总会有输赢（由第三方决定的），万一第三方没有站在你这边时，怎么办？

在辩论前，你要有一个明确的底线，就是无论如何，最终听一把手的！并且在辩论过程中表明自己的态度：一旦方案最终确定，自己将全力以赴按公司的决定去执行！

当你全心全意为公司的利益考虑并且明确自己的底线时，展现出自己最好的一面得到上级的认同，输得漂亮其实也是另一种胜利。

3. 谈判：和员工、合作伙伴共赢时

谈判，顾名思义，就是双方都有筹码，决定权既不在对方，也不在第三方，而是双方对话达成共识的过程。

什么时候需要谈判？双方需要彼此能够释放善意、资源能够交换、协作能够达成，从而为双方创造 1+1>2 的价值之时。

有的管理者会说：你前面不是说与上级沟通时要采用"说服"的方法来影响上级，怎么跟员工沟通却要采用"谈判"的方法呢？

因为立场不同：站在员工的立场与上级沟通时需要采用"说服"的心态，而站在上级的立场与员工沟通时则需要采用"谈判"的心态！

运用谈判的沟通方式，管理者才会主动聆听员工的观点和建议，员工才会更愿意主动贡献自己的想法和才智，此时管理者才有机会听到来自基层或一线真实的声音，而不会一味认为自己才是唯一正确的。

当管理者运用谈判的沟通方式时，请牢记自己的底线以抵抗压力和一时的诱惑，但也要清楚有时不要把自己的底线设得太高！

4. 命令：执行任务时

管理者下命令的目的是让员工更好地执行并完成任务，而不是用来显示权威。

管理者在运用命令的沟通方式时，切记不要朝令夕改，这是下命令的大忌，这样做很容易让自己的形象损失殆尽，而且让员工会延迟执行，比较容易误事。同时，管理者不应出尔反尔。

上面我们谈了管理者工作中常见的四种沟通情形：说服（决定权在对方）、辩论（决定权在第三方）、谈判（决定权在双方）、命令（决定权在己方），管理者可以在工作中根据不同情境，灵活交叉有效运用，充分发挥沟通的效能，为工作赢

得广泛的支持和资源,最终实现信息传递、达成共识。

无论是哪一种沟通情形,管理者的目标不是让你的上级、平级、客户、员工满意,而是为公司带来更大的利益,当你能永怀这颗初心时,说服、辩论、谈判、命令都只是一种技巧而已!

六、区分在沟通中的有效运用

我们日常的沟通大部分是靠语言交流,但许多人没有意识到:语言具有多义性,不同的人理解意思会不一致,甚至有的人还会利用语言的模糊性来实现自己不好的目的。

——案 例——

小明和他的牧羊犬正在草地上玩耍,这时,一直与小明不和的小华正好从旁边路过。小华鄙夷地看了小明和牧羊犬说:"真无聊,居然和一头猪玩得这么高兴。"小明冷笑道:"这是牧羊犬,狗和猪都分不清楚,真没见识。"小华"哼"了一声说:"又没有跟你说话,我在和狗说,你搭什么嘴。"

在这个案例里,小华拐弯抹角骂小明,我们先不管他们之间到底有什么矛盾,但小华故意偷换了"说话对象",因为在正常情况下,小华的"说话对象"应该是小明,而小华有意将"说话对象"偷换为"狗",目的就是为了骂小明。

这种沟通方式是特别不可取的。人与人之间,只有把语义区分清楚了,才能合作愉快。

沟通中的区分运用主要有以下四种类型:

1. 区分事实与观点

管理者在沟通过程中要善于区分事实与观点。让我们来看下面这句话:

"王总,我跟你说个事,部门里的小王特别自私,快递都不帮自己的同事拿。"

上述这位员工只是在讲自己的观点，不一定是事实。再来看下面这句话：

"经理，时下各行业经济都不太景气，而且这个月一直下雨；客户都不想下订单。"

上述这位员工前半段讲的是事实，后半段讲的是观点。

所以，当管理者在沟通时，要学会区分员工说的话是事实还是观点。

2. 垂直因素运用："上堆下切"

在前面，我们说过"十字区分法"，主要有平行因素区分和垂直因素区分两个维度。其中垂直因素可围绕关键点把关键细节聚焦或总结归纳到更高的高度，以迅速建立起合作与共通的氛围。

在沟通过程中，围绕关键点向上，把关键点提炼、总结上升到一定的高度，把双方的关注点带到新的意义、价值观方向上，这样的沟通技巧叫作"上堆"。

在沟通过程中，围绕关键点向下，把问题聚焦，把一些关键细节放大，把具体内容一一呈现，一层一层拨开，这样的沟通技巧叫作"下切"。

上堆和下切如图 3-5 所示。

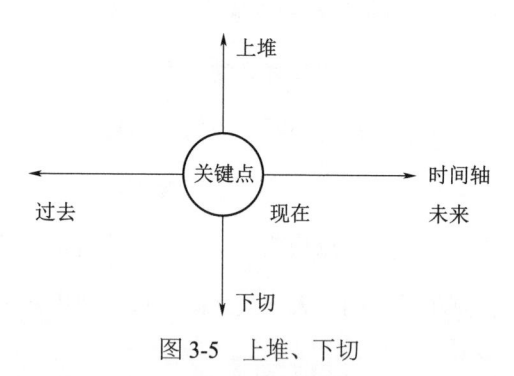

图 3-5　上堆、下切

"上堆"的例子 1：

A：你周末一般都做什么？

B：就看看书、跑跑步。

A：看来你平时一定很注重生活质量。

A 在这里运用的就是"上堆"沟通方法，把谈话内容焦点放宽，从信念、价值观层面了解对方的深层意图。

"上堆"的例子2：

A：看书是最好的充实自我的方法。

B：其实我倒觉得听课会更有效。

A：嗯，是的，目的都是为了学习和成长，不是吗？

A在这里运用的也是"上堆"沟通方法，把双方谈话内容拔高，快速达到求同存异的目的。

"下切"的例子1：

业务代表："天气不好，大环境也不好，客户都不下单。"

销售主管："是什么渠道的哪些客户没有订单？"

这位销售主管此时用的就是"下切"的沟通方法，把客户区分清楚：有下单的客户，也有不下单的客户；同时把双方的谈话范围聚焦在不下单的客户，为双方接下来的对话打下基础。

"下切"的例子2：

A：哼，男人都不是好东西。

B：你是说你之前交往的男人不是好东西吧。

对于B来说，只有用"下切"的方法，把双方指的"所有男人"区分开来，要不然聊天就进行不下去了。

再看一个例子：

"童老师，我习惯性地会打断别人的说话。"

"嗯，明白，如果是你公司的CEO在讲话时，你会打断吗？"

运用"下切"的方法，让对方认识到，他不是习惯打断他人说话，而是习惯打断认为没有权威的人说话！

在笔者工作的这些年里，发现一件有趣的事情：在人们的沟通过程中，女性常常会倾向使用"下切"的沟通方式，而男性会倾向使用"上堆"的沟通方式。

3. 平行因素运用：时间轴

"十字区分法"的平行因素用得最广泛的是时间轴，时间轴非常好理解，即双方讨论的时间点是过去、现在还是未来，过去不等于现在，现在不等于未来。

这里举几个例子：

"童老师，恭喜你的新书上市，我感觉写书挺难的，我是不可能写出来的。"

"谢谢你，你是说现在写不出来吗？其实只要有梦想，将来一切都是有可能的。"

现在没有，不等于未来没有，这样用时间轴就可以把它区分开来。

再来看一个例子：

A："我不懂游泳。"

B："喔，你是说至今为止你不懂游泳？"

现在不懂游泳，不等于永远不懂游泳，只要有心，未来仍然可期。

有时，谈话或沟通的目的，就是给别人希望和信心！

4. 整体意义换框

——案　　例——

我平时因为工作原因，出差比较多，不出差时下班就会接我爱人。但爱人上班的地方不好停车，我每次都是提前跟爱人约好时间。有一天，我去接她时，刚好手机也快没电了，本来约好是六点钟，结果六点十分爱人还没出现，交警就要走过来了，爱人才匆匆跑过来上车，此时我脸色就不好看了，等爱人坐下来后，就有点生气地说：

"你干什么呀？这么久，不是说好六点吗！"

"公司里的事情没处理完，就下来晚了。"

"那你不能早点处理完吗？"

"你干什么那么生气，早知道就不叫你来接我了。"

于是我们俩就在车里生闷气，后来我一想：不对，我来接爱人是为了让她开心，可是因为自己大脑里只有人等车，没有车等人的规则，所以这离我原本的目的愈行愈远，这不是我想要的！

于是，我赶紧给爱人道歉，并说清自己刚才的问题，希望她不要生气。

爱人"扑哧"一声笑了，于是我们就开心地回家了。

同一件事情，站在不同视角来看，意义就不一样，这就是我们所说的整体意义换框，即用全新的视角来诠释这件事情，如图 3-6 所示。

李中莹先生在其著作《重塑心灵》里曾谈道：世界上所有的事情本身是没有意义的，所有的意义都只是人加诸的。既然是人加上去的意义，则一件事情可以有其他的意义，也可以有更多的意义；可以有不好的意义，也可以有好的意义。同一件事情里面总有不止一个意义包含其中。找出最能帮助自己的意义，便可以把事情的价值改变，使事情由绊脚石变成踏脚石，自己因而有所提升。这便是意义换框法。

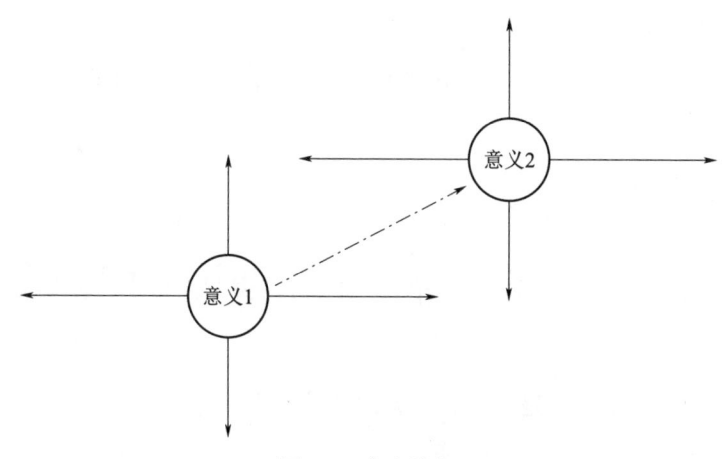

图 3-6　意义换框

让我们来看下面这个例子：

外卖员 A：

"这是什么鬼天气，哪是下雨，明明是下'冰刀'，冻死啦，怎么送外卖嘛！"

外卖员 B：

"是呀，这哪是下雨，明明是下'银子'，订单比往日又多了十单啦！"

你看，同样的天气，同样的情形，但不同的外卖员却对事情的意义有不同的结果。

工作上也是一样的道理，在笔者第一本书《高效员工管理：写给管理者的6个锦囊》中有谈到管理者的角色，其中管理者作为"政委"角色辅导员工、赋能员工、解决内驱力问题时，意义换框是一种有效的辅导方法。

举个例子：

当员工抱怨"客户太难缠、太挑剔了，最近工作都不开心时"，管理者就可以运用意义换框的方法，帮助员工站在不同角度看这件事情。比如：

"遇上这么难缠、挑剔的客户，正好是锻炼和学习的好机会。"

"遇上这么难缠、挑剔的客户，正好是证明你自己能力的时候。"

"遇上这么难缠、挑剔的客户，如果成功了，以后工作就更加自信了。"

"这么难缠、挑剔的客户如果你能解决，公司各级领导都会对你刮目相看的。"

…………

意义换框法是一种非常有效的改变思维方式的沟通方法，可以帮助我们从不同的角度看待问题。

七、管理者必备的三种"公众演讲万能公式"

1. "能说""会写"是个人影响力提升的两大利器

对管理者而言，影响他人的两大利器就是"能说""会写"，这两大利器决定你可以连接多少人，可以影响多少人。

写作是个体知识留存率最高的有效实践方法之一。要写作，就必须要收集足够的资料和信息，然后经过思考、分析、归纳、演绎，把这些资料和信息打碎消化，然后形成自己的观点与框架。这个过程，也是提高自我认知的过程。

"能说"，这里主要指的是公众演讲能力。有条理、有水平的公众演讲能力，可以帮助管理者快速建立个人品牌，提升个人领导力，激发团队成员的工作热情。

《巨人的工具：健康、财富与智慧自助宝典》里介绍了一位华尔街日报的漫画作者，叫斯科特·亚当斯（Scott Adams）。

斯科特·亚当斯认为，如果你想取得出类拔萃的成就，大概有两个选择。第一个选择是，你把自己的某个技能练到全世界最好，这个难度很大，极少有人能做到。第二个选择是，你可以选择两项技能，把每一项技能都练到世界前25%的水平，这就比较容易。同时拥有两个能排在前25%的技能的人，其实是很少的，而如果你能把这两个技能结合起来去做一件事，你就可能取得了不起的成就。

不管你真正喜欢的技能是什么，如果你不知道第二个技能选什么，亚当斯建议你练习公众演讲。

因为公众演讲这个技能，只要你愿意苦练，就一定能练好。

2. 三种"公众演讲万能公式"

除了刻苦训练外，管理者可通过一些方法来提高自身的公众演讲能力，下面介绍三种"万能公式"。

（1）三点式话术：

适用场景：正式演讲、表达观点、介绍内容等。

管理者平时在各种场合的发言，建议将主题要点总结为三点，而且这三点要做到层次清晰、归类明确并相互独立。

例子1，单位里的竞聘演讲，就可以运用三点式话术，把演讲内容分为三部分，如图3-7所示。

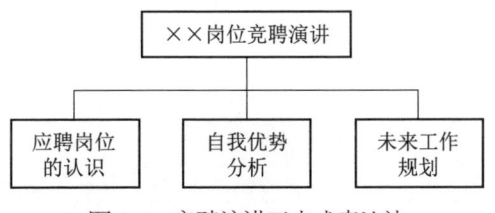

图3-7 竞聘演讲三点式表达法

（2）感谢 + 回顾 / 感受 + 展望 / 祝福：

适用场景：各种活动（会议、培训、年会等）的现场即兴发言。

例子 1：培训结束发言

"谢谢人力资源部的组织，有机会参加童老师的课程（感谢）；今天的学习让我感受到原来管理并没有传说中的那么神秘，它具有结构化和线性逻辑的特征，比如交付结果的八步骤，比如赋能员工的六种方法，等等。另外，童老师给的工具和方法都非常实用和接地气（回顾 / 感受）；回去后我要知行合一，把这些工具和方法在日常工作中运用起来，努力把我的团队打造成一支高绩效的团队。（展望）"

例子 2：会议结束发言

"谢谢李总的邀请，让我有机会和大家一起来分享（感谢）；过去这一年，我和我的团队成员一起完成了公司的既定目标，虽然挑战很大，但收获也很多，比如我们在集团里增长率保持第一（回顾 / 感受）；未来一年希望我们将继续加油，为公司创造出更好的业绩，也创造属于我们的未来。（展望）"

例子 3：朋友婚礼上发言

"感谢两位新人邀请我来参加他们的婚礼，感谢主持人安排我上台发言（感谢）。我是这对新人的大学同学以及好朋友，很荣幸见证了他们长跑了六年的爱情。这一路走来，他们经历风风雨雨，有过欢笑，有过坎坷，收获了相互理解、相互支持以及信任与包容（回顾）。我相信这份爱情和幸福一定会伴随他们携手走得更远，一直白头到老。我衷心祝福他们新婚快乐，早生贵子！同时，也祝福在座的朋友们心想事成，万事如意！（祝福）"

（3）问题 + 方案 + 结果 / 效果：

适用场景：解决问题、推销你的方案及产品

例子 1：如何让大家快速记住"家庭厨师"这个新行业岗位？

"你知道吗？大多数家庭的成员都不在一起吃饭，他们偶尔在一起吃饭时也吃

第三章 锦囊 3：派活及沟通的艺术

得很不健康（问题）。我是名家庭厨师，在别人家里做饭（方案）。我可以帮助他们吃得更好，同时还能让他们有更多的时间陪伴彼此。（效果）"

例子 2：新产品研发临近上线，工作量骤增。例会上，李总监宣布了未来两周的工作任务后，明显感觉员工有一些抵触情绪，甚至有人都开始小声抱怨。此刻李总监需要有一番安抚人心、解决问题的发言。

我知道大家最近都很辛苦，压力也很大。前天，我下班的时候还看到小刘在加班。我完全理解大家为了新产品尽快上线付出了许多的努力（问题）！

我们这个新产品准时上线是公司今年最核心的一项任务，将决定公司未来几年是否可以上新台阶的关键，相信我们在座的每一位同事都会为参与这一新产品的上线而感到自豪！（方案 1，精神鼓励）

在上线攻坚的过程中，我将全力做好各项支持工作；如果缺人，我会去找人力资源部门要人；如果哪个部门特别不配合，也请第一时间告诉我；我也找了行政部门，他们答应全力做好大家的后勤保障工作。（方案 2，支持工作）

另外，跟大家分享一个好消息，如果这次新产品能按时顺利上线，将会额外发放项目奖金，组织出国团建，具体细节后续会公布给大家。（方案 3，物质奖励）

期望咱们一起继续加油干，再努把力，确保我们的新产品成功上线！（效果）

管理者提高自我的公众演讲能力以及讲故事的能力，还有许多技巧及方法，感兴趣的管理者可以阅读相关的书籍。

笔记栏

第四章
锦囊4：跟踪检查就是执行力

一、再谈执行力：避免"管理者生病、员工吃药"的现象

"唉，你知道的，我们员工执行力不强"，这句话常常成为某些管理者的口头语，其潜台词就是：我的计划方案都没有问题，就是员工执行力不够，所以才交付不了结果。

此时，稍有资源的管理者则马上聘请相关的培训咨询公司给员工进行"执行力精进"之类的培训，结果大多改进不大，员工执行力没有提升，倒是培训公司很开心！

在今天分工协作、流程管理的时代，员工往往只是网状中的一个结点，过程中需要大量的沟通与协作，他们面临的是系统性问题。可大家都知道，系统性问题是员工无法解决的，而它与组织里各级管理者有着密不可分的关系，各级管理者如不解决系统性问题，员工的执行力不会提高，此时无限地给员工强调执行力，那就是"管理者生病、员工拼命吃药"。

这里以快速消费品饮料销售业务人员为例，从逻辑角度来分析这些管理者口中因"员工执行力不强"而导致交付不了结果的三种可能性：

第一，大环境等客观问题。

比如，所负责的片区被拆迁，导致人流量急剧减少；所负责区域内一个占比较大的大客户公司突然倒闭；在上述这两种情况下，管理者自身可能也没有办法，更不会是员工执行力的问题。此时，管理者唯一能做的就是在整个团队中考虑目标分配，根据实际情况快速做出调整，尽可能让目标相对公平、合理。

第二，员工能力不行，无法按标准执行。

这就是我们常说的员工会不会的问题。诚然，对于团队新员工来说，由于对系

统、制度、流程、工具的了解需要一定的时间和过程，所以暂时无法熟练地按标准做，这属于正常现象，因为有时能力的提升是需要遵守一定自然规律的，需要一定的时间。

那么问题来了：管理者明明知道新员工的能力暂时达不到要求，为什么还要下达超出其能力的目标要求，这不就是"拔苗助长"吗？

所以衡量员工能力，让其承担匹配的工作是管理者的一项责任！

如果是团队老员工的能力有问题，怎么办呢？

管理者可从两个方面入手：第一，让员工讲解工作流程来验证他是否掌握了相关的要点；第二，员工对工作流程是否形成了肌肉记忆。

帮助员工成长是管理者无法推卸的义务和责任，关于如何运用"721"法则以及八种有效帮助员工的成长方法，可参阅笔者的第一本书《高效员工管理：写给管理者的6个锦囊》。

第三，员工意愿度不高。

员工意愿度不高也就是我们常说的自驱力不高，即员工对工作愿不愿意付出更多的能量的问题。

影响员工的意愿度主要有以下几个因素：

① 认为没有等价交换：

薪水是员工付出劳动应该得到的报酬，是一种等价交换。当员工认为付出与回报不等价时，就会认为自己吃亏，所以不愿意付出更多的能量。

一般来说，如果大部分员工都认为没有等价交换，可能有两个原因：一个原因是公司根据市场薪酬水平以及本行业定位、盈利情况、策略定出的薪酬定位出现了偏差；另一个原因是员工薪酬的浮动收入没有明确的奖惩标准，缺乏必要的激励机制，或者没有体现多劳多得的公平、合理原则。

② 不知道"为何而战"：

员工在组织里工作，除了获得付出劳动应该得到的报酬外，不清楚组织或团队的目标在哪里，意义是什么，为何而战？

《西游记》里西天取经的成员组合，每位成员都很清楚地知道"为何而战"即：取回真经，普度大唐东土众生！

1983年，乔布斯特别中意百事可乐的总裁约翰·斯卡利，希望他能参与一起共事。面对乔布斯伸出的橄榄枝，斯坦利思考了很久还是拒绝了乔布斯。

这时，乔布斯说出了至今仍然被视为"最好的销售广告词"的话："你究竟是想一辈子卖糖水，还是希望获得改变世界的机会？"这句话瞬间触动了同样心怀抱负的斯卡利的内心。他离开了百事可乐，后来成了苹果的首席执行官。

他和乔布斯一起创造了第一部Mac和最棒的广告"1984"。而这也是乔布斯与苹果走向成功重要的一步。

③公司战略方向"南辕北辙"：

如果公司的战略方向让员工，特别是一线员工执行着都不认同，甚至认为是"南辕北辙"的任务时，管理者们怎么可以相信员工会愿意在错误的路上狂奔并付出更多的能量？

④组织系统、制度、流程、工具障碍重重：

公司是否建立了明确的绩效目标、制度是否合理、工作流程是否顺畅、是否有相应的工具支持、是否有必要的资源支持等。

当一家公司的各个管理者各自为政、机构臃肿的时候，跨部门沟通就会变得越来越不顺畅，部门间互相推诿，协调会议越来越多，此时工作效率会大幅度降低，公司里想做事的员工会觉得障碍重重。甚至有的公司发展到后面，辅助支持等行政、职能部门占主导地位时，可以想象这种公司的合作氛围会有多么糟糕，员工怎么会愿意付出更多的能量？

⑤团队氛围不值得久待：

比如，当下这份工作，员工除了付出劳动应该得到的薪水外（等价报酬），没有什么其他的意义；或者团队管理者自己对团队目标没有信心、决心，本身领导力也不行。

比如,有的管理者一言堂,凡事都要求员工早请示晚汇报,员工没有任何自主性,成就感也就无从谈起。

再比如,整个团队氛围一团糟,缺乏尊重、信任,工作氛围很压抑,且没有活力。

⑥ 个人因素:

个人因素是管理者最不可控的,比如家里出了什么意外,最近遇上了什么烦心事导致个人工作意愿不高。

可即使是这样,如果员工之前绩效一直不错,只是一段时间内出现明显波动或下滑,管理者也需要尽可能了解员工的个人因素,近期发生了什么状况影响了其工作状态,有什么可帮助解决的。

综上所述,员工会不会、想不想、能不能做事情是影响执行力的关键因素,大都与公司各级管理者有关。因此要想让员工执行力强,组织及管理者需要帮助员工知道企业从哪里来(使命)、到哪里去(愿景)、如何去(战略)、过程遵循什么原则(价值观),并设计好相应的系统、制度、工具让员工顺心地干,同时各级管理者还要创建一个让员工愿意去工作的团队,并不断帮助员工提升能力,在做好计划、派好活的同时,还需要不断对其跟踪检查、辅导并帮助解决问题!

只有这样,员工才会严格按照制度流程标准认真工作,将每一个环节的工作落到实处,将每一件任务都不折不扣地完成!

戴明博士是管理界著名的质量管理专家。他最早提出了 PDCA 循环的概念,因对世界质量管理发展做出的卓越贡献而享誉全球。当年,他就很反对绩效考核,他认为 $X+Y+XY=$ 绩效结果,其中 X 代表员工的个人表现,Y 代表整个系统的表现,而 XY 代表二者的相互作用。员工对事情的影响最多只占 6%,其余的 94% 则来自系统,而系统的改变则有赖于管理层。

还记得第一章所谈的组织赋能、管理者赋能吗?只有通过组织赋能以及管理者赋能,才能让员工付出更多的能量。

员工执行力就是一个伪命题，个体的执行力作用被夸大了，是给管理者找借口。员工执行力源自管理者的领导力，组织各级管理者的领导力才是第一要素，没有领导力就没有团队执行力！

所以我们常说：当公司战略确定后，各级干部就是关键因素！

二、麦当劳、肯德基卫生间故事的启示

1. 麦当劳、肯德基卫生间的故事

国内许多城市都有中山路，且大多是比较繁华的路段，在20世纪九十年代，我周末时会经常去逛家附近的中山路。可人常常有三急，这时候一般就去找肯德基、麦当劳，一方面他们提供免费的卫生间，里面的洗手液、卫生纸也是免费的（当时大多数餐厅，对非就餐客人是不提供卫生间的）；另一方面，他们的卫生间确实比较干净。

为什么那时候的麦当劳、肯德基的卫生间能做到相对干净、整洁呢？

原因非常简单，在他们卫生间的门背后，会看到一张"卫生间保洁质量检查卡"，上面标注着保洁员多长时间要打扫一次卫生间，达到的标准是什么，店员或店长会多长时间检查一次，并且检查表会严格按要求填写，以确保保洁员的工作完成情况被有效跟踪。

2. 任务为什么需要跟踪检查

我们知道，当管理者分解好任务、做好计划、派好活后，不能等到任务周期快结束时等待下属直接呈现结果（如果是这样，请相信我，这个结果不会好到哪里去），而是需要管理者在过程中不断跟踪检查。

为什么需要这样做？主要有以下四点原因：

第一，为了应对变化。

第四章　锦囊 4：跟踪检查就是执行力

前面我们说过，再完善的计划在具体执行过程中，也会受到诸多的因素干扰，使原定的工作偏离既定的轨道。这就如同一张完美的地图是无法保证我们到达目的地的，而要在这个过程中经常确认关键点，检查是否走对了路，并对错误的路线及时做出修正。

我们在第二章谈到计划时，曾说过制订计划，其中的一个目的就是为了应对变化。而在组织里，常常会因为这样那样的原因，原来确认的任务范围发生了改变，此时就需要重新调整计划来适应新的任务要求；或者当外面的客观条件发生重大变化，此刻就需要重新制订计划来应对变化。

管理者只有在过程中跟踪、了解实情、掌握进度、走动式管理、才能做到"窥一斑而知全豹"，从而做出相应的计划调整，并在过程中发现问题及时解决，出现意外情况及时调整工作计划，以确保任务按时保质完成。

麦当劳创始人雷·克拉克有一个习惯，就是不喜欢在办公室里办公，大部分时间都用在了"走动管理"上，到所有的分公司和部门走走、看看、听听、问问，收集大家对公司的意见。

有一段时间麦当劳曾面临严重亏损，克拉克用他的"走动管理"在各公司发现了一个很严重的问题——公司内部"官僚作风"盛行。公司里各部门经理都有一个很不好的习惯，就是喜欢靠在舒服的椅背上对员工指手画脚，并把很多时间浪费在抽烟、喝咖啡和闲聊上。

克拉克为此十分生气，于是他下令："把所有经理的椅背都锯掉，马上执行。"椅背锯掉了，经理们就不能像以前那样舒服地靠着它抽烟、喝咖啡了，于是大家都走出办公室，学着克拉克的做法到各基层部门走走、看看、听听、问问。很快，他们就发现了管理当中出现的许多问题，顿悟了克拉克锯掉椅背的用意。于是，他们及时调整了应对策略，解决现场存在的问题，终于使公司扭亏为盈。

第二，为了战胜"人性"。

我们在第一章第一节里说过，管理的本质就是让员工付出更多的能量来交付结果。因为人类进化的 DNA 底层逻辑是这样：为了活下去，能不消耗能量就不消耗能量！

对组织里的大部分员工而言，当下这份工作是为了获取付出劳动应该得到的报酬。此时，人类进化的 DNA 底层逻辑就会起作用，能做 60 分决不做 61 分。为此，管理者就必须要在过程中不断地跟踪检查，确保员工的工作要求至少达到产品或服务的可交付标准，并在这个全过程中通过组织赋能、管理者赋能让员工愿意付出更多的能量。

因此，管理者把任务有效布置下去后，不能当"甩手掌柜"，或者幻想员工会自发主动完美地交付结果，而是需要管理者在执行过程中追踪，员工才有可能保质保量地完成所交付的任务，从而实现团队目标、交付结果！

第三，及时纠正偏差。

"做成一件事需要一万个条件，做砸一件事只需要一个条件"。

企业是一个复杂多变、分工协作的运营系统，来不得半点马虎。特别是泰勒提出的科学管理，运用分工、流水线作业、标准化来提升整个组织效率，此时任何一个环节没有做到位，都会威胁到整体成效乃至企业命脉。或者明明计划都制订好并达成共识了，但后期执行下来的结果却与当初制定的目标偏差很大，造成"执行走样"，此时，就需要管理者在日常管理工作中，了解复杂多变的情况，并针对偏差予以纠正，并对产生的原因重新制订制度和流程等措施，确保按标准执行。

同时，"十个手指有长短"，即使员工们都接受了严格的训练，但真正到了岗位上，其执行出来的成效也会不一样，为了把产品及提供的可交付标准化，减少偏差，此时就需要管理者在过程中不断跟踪，并有预见和预控的能力，防患于未然。

比如，生产部经理就应该按计划定期到车间检查员工的操作，过程中如果员工没有按照工艺标准执行或者操作有不符合规范的，就要班组长立即做好现场改进，以免出现生产效率低下或者产品不合格的问题。

比如，快速消费品行业的销售经理就应该有定期的业务人员跟线拜访计划，过程中如果业务人员未能在客户拜访时按八步骤要领执行或者成交过程有未能按公司要求进行的,就要对业务人员进行辅导,并在下一家客户时按标准执行。

比如,酒店行业就会用"神秘顾客"这种方法来衡量员工是否按标准执行。

"神秘顾客"(Mystery Customer)是指经过严格培训的进行一种商业调查的调查员。他(她)们在规定或指定的时间里扮演成顾客,对事先设计的一系列问题逐一进行评估或评定。

在星级酒店里,酒店高层就经常会邀请神秘顾客进行暗访,主要起到检查、督导的作用。神秘顾客需要对酒店前厅、客房和餐饮部门的服务情况进行检查,包括检查前厅迎宾、前台、办理入住和退房、客房硬件和环境、餐饮服务等方面,并完成严格、细致的暗访评价表格以及报告。其中"客户服务"是指入店到离开的每一个环节的服务质量,包括是否对顾客的光临使用了问候语,是否仔细地询问顾客的要求并耐心地提出符合顾客要求的建议,是否在顾客离开时留下客户的联系方式,是否帮助顾客开门并说再见等等,而这些都是在入职培训时需要执行的标准。

第四,辅导员工、帮助员工解决问题。

管理者交付结果,不要忘了过程,只有过程好,结果才会好。没有过程的结果,即使有好的结果也只是运气好而已,而交不出结果是大概率事件。

发现员工在工作中有问题,不是把员工责骂一通就可以,而是要辅导员工如何做好每一步,并且协助员工解决执行过程中遇到的困难,这样不仅帮助员工获得成长、提高团队整体的战斗力,更是为团队保质保量交付结果打下坚实的基础。关于如何辅导员工,感兴趣的读者朋友们可以参阅笔者的第一本书《高效员工管理:写给管理者的 6 个锦囊》。

3. 跟踪检查三个关键动作要领

人们只会做你检查的事情,而不会去做你期盼的事。

——郭士纳

管理者在盯目标、追过程时,有以下三个动作要领值得特别关注:

第一，跟踪检查不能"有事才追"。

平时对员工的工作不闻不问，等到有事了才去关注员工，才去了解事情的进度。之所以不关心，主要在于管理者没有意识或者懒惰不去了解过程，下属交来的答案可能就不会让管理者满意。

当管理者忽视过程时，按照我们前面所说的人类进化过程中"能不消耗能量就不消耗能量"的DNA底层逻辑，员工最终交出的结果大概率会脱离原定的任务目标，有时甚至可能相差十万八千里。

因此，管理者要养成良好的对任务跟踪检查的习惯，以天、周、月为不同的时间节点持续地跟踪检查团队成员工作的过程（具体可参考本章第五节的"'两板''两会'的有效运用"），最终团队交付结果的可能性才会大大增强！

跟踪检查是日复一日的工作，不要小看这个工作，海尔张瑞敏曾说，把一件简单的事做好就是不简单，把一件平凡的事做好就是不平凡。

第二，跟踪检查要盯紧关键节点，关注各种偏差。

俗话说："将军赶路，不追小兔"，管理者在跟踪检查时，要抓关键节点，即任务执行过程中最重要的指标和关键点，并按时追踪。

有些管理者在跟踪检查时，总是检查到颗粒度最细，这么做看似是非常负责任，实际上会干扰员工的工作，要知道计划实施的主角是员工，过度打断工作不利于执行，并且让员工感到束手束脚，因此跟踪检查时要抓住重点，不要胡子眉毛一把抓。

有时，你想得到越多时，往往你最终得到的越少。

在实际工作中，偏差会包括目标偏差、质量偏差、进度偏差、预算偏差、流程偏差、行为偏差这六个方面，管理者要在实际工作中对这六个方面了然于胸，哪些是可容忍的偏差，哪些是超出容忍范围的偏差，抓住重点并及时纠正。

第三，跟踪检查要与辅导有机结合起来。

管理者在跟踪检查的过程中，除了纠偏以及解决问题外，千万不要忘记还需要辅导员工。

教会员工，上级轻松。辅导员工不仅是帮助员工成长，更重要的是让整个团队成员的能力以及意愿不断提升，这样团队的战斗力才会持续增长。

"结果是远方的山，过程是脚下的路"，结果是简单的，过程是复杂的。在交付结果的过程中，管理者要以终为始，以结果为导向，对每一个关键节点、每一天的进度、每位员工的状态都要跟踪检查执行到位，这样方能拿到满意的结果。

有好的过程不一定有好的结果；但没有好的过程一定没有好的结果。即使有，那也只是偶然情况、运气好而已。要知道，跟踪检查就是执行力！

三、跟踪检查"五定"原则

1. 跟踪检查≠掌控

——案　例——

赵六是某公司高级业务人员，在公司工作了5年，目前负责A市的重点客户，处理问题经验也特别丰富。最近该公司更换了城市经理，新来的吴经理到岗3个月后，赵六就提出了离职。离职原因是：吴经理布置完工作后，每次都需要赵六详细阐述具体步骤，一天要打多个电话叮嘱要做的事情，要求赵六随时汇报情况。有时候，赵六有一些好的想法，与吴经理沟通后，最后还得按照吴经理的具体方法来做。赵六越做越心灰意冷，觉得工作没什么意思，凡事都开始应付。吴经理看赵六的表现，觉得赵六不适合跟着他干，甚至对赵六说，"想做就做，不想做就走人"，赵六因此提出离职。

在这个案例里，一名优秀的业务人员就这么离职了，对于公司来说非常可惜，因为员工身上的投资回报还可以更大，当然对吴经理来说不一定，可最终这个结果还是要公司买单！

为什么许多管理者都有掌控欲？

如果从人类进化的视角来看，就容易解释了：在进化过程中，为了确保自己是安全的，为了活下去，每个人都需要尽可能控制一切可以控制的东西，包括各类资源以及信息，这已根植在了 DNA 里。

在职场里的表现，则是管理者刚愎自用，以自我为中心，自己说的都是对的；不肯放权和放手让下属去干；团队效率低下，员工士气不高。

管理者在跟踪检查中如何做到既让员工发挥自主性，又保证事情按计划进行呢？

这里给出两个建议：

第一，相信并坚持制度的作用。

没有规矩，不成方圆。有一定管理经验的人都知道，制度是组织经营管理的基础。好的制度清晰而精妙、简洁且高效、公平又公正，可以激发人们积极向上的意愿！

管理者在跟踪检查时要善于运用制度，在制订计划、确定流程和标准后，什么时候该做什么，什么时候要达到怎样的交付成果，什么时候要跟踪检查，什么时候要汇报，什么时候要辅导员工，都要让制度来明确。而且这些制度还要让团队员工清楚了解，那么此时员工就会觉得管理者是按制度在开展工作，而不是针对单独的个体。

我们通常说的管理制度由制度文本、职责分工、操作流程、达成标准以及支持表单五部分组成。

（1）制度文本是指平常我们看到公司发出的以文字为载体的规定、政策；

（2）职责分工是指制度文本里描述的谁撰写、谁执行、谁审批，相关的主体责任如何明确；

（3）操作流程是指每一个动作发生的步骤，先做什么，后做什么，以及怎么做（关于流程的具体内容，请详阅本章第五节）；

（4）达成标准是指步骤的规范是怎样的，做到什么程度，标准是什么；

第四章　锦囊 4：跟踪检查就是执行力

（5）支持表单是指执行落地的凭证（本章第二节里讲的麦当劳肯德基卫生间门背后的卫生检查表就是卫生间清洁工作制度的支持表单）。

管理者要养成用制度来要求员工，而不是个人要求员工的工作习惯。

比如，一位品控经理在生产线巡线时发现员工的操作出现错误，于是现场要求员工返工，员工很不高兴地说："你凭什么说我的操作有错误？"此时品控经理回答："我做了十几年品质控制工作，怎么会不知道？我说你错了就是错了，还不承认？"这个就是典型的用自己来要求员工而不是用制度来要求员工的例子。

管理者应当对工作职责里的相关制度非常清楚，特别是具体的规定、办法、标准、流程、数据以及工具、方法。当管理者对这些制度了然于胸，并快速拿出或告之具体的规范标准时，员工才会心服口服。当管理者耐心并坚持执行制度时，通过制度来跟踪检查，就会发现制度的力量远远超过人的力量。

当然，如果在跟踪检查过程中，管理者发现没有制度或者制度不完善时，也应当马上按流程完善制度并公布执行。

请管理者记住：带团队不是交朋友，而是要交付结果的。嘻嘻哈哈、舒服安逸的团队不会有执行力；做老好人、皆大欢喜的团队不会有战斗力。放纵纪律，对制度宽容，是对员工的不负责；只有帮助员工成长，提高收入，过更体面的生活，才是对员工最大的负责。

华为任正非在 2011 年 12 月 25 日发表了《一江春水向东流：为轮值 CEO 鸣锣开道》文章。他在文中表达了自己对人生的感悟，对管理的认识，以及对接班人的希冀。里边有这么几句话：

"组织的力量、众人的力量，才是力大无穷的。人感知自己的渺小，行为才开始伟大。"

"要相信华为的惯性，相信接班人们的智慧。"

"希腊大力神的母亲是大地，他只要一靠在大地上就力大无穷。我们的大地就是众人和制度，相信制度的力量，会使他们团结合作把公司抬到金顶的。"

第二，不同情境匹配不同的领导方式。

在员工遵守制度的同时，管理者还需要根据跟踪检查时不同的情景匹配适合的领导方式。

情景领导理论是由行为学家保罗·赫塞博士和肯尼思·布兰查德提出，他们认为：管理者的领导方式，应同员工的成熟程度相适应，在员工渐趋成熟时，领导者依据员工的成熟水平选择正确的领导风格取得成功。

情景领导理论认为，同一个员工，面对不同任务，因为意愿高低的不同，能力强弱的不同，有四种情景：

①热心的新手：意愿高，能力弱；

②憧憬幻灭的学习者：能力有提升，但还未达到胜任的程度，员工开始迷惘甚至沮丧，他的工作意愿有所降低；

③能干谨慎的执行者：有较好的工作能力，但信心还不够，能力中等；

④独立自主的完成者：可以胜任工作，有信心，意愿最高，能力最强。

对应不同的人，不同的情景，此时管理者要运用不同的方法，比如：

对①热心的新手，管理者需要像"长官"一样给出清晰明了的指令，比如需要的结果，具体的方法，完成的期限和汇报的频率。管理者要在这个过程中言传身教。

对②憧憬幻灭的学习者，管理者需要像"好班长"一样表扬进步，让员工参与讨论和决策流程，鼓励员工多思考并提出解决方案，最终由管理者帮助其做出如何做的决定。

对③能干谨慎的执行者，管理者需要像"政委"一样会做思想工作，帮其建立信心，鼓励其做最终的决定，并对其决定的结果负责。

对④独立自主的完成者，管理者需要像"刘邦"一样善于授权，给员工更大的成长空间，甚至让其协助参与团队的管理。

管理者在跟踪检查的过程中，运用哪种管理方式取决于管理的人和事的成熟度。

总之，员工是钉子，管理者得用锤子；员工是螺丝，管理者就得改用改锥；目的都是为了在交付结果的过程中可以执行到位！

2. 跟踪检查的"五定"原则

当管理者的团队人数不多，只有两三位员工，且都在同一个办公环境下时，此时员工的工作表现、关键节点的进度、工作结果完成情况，管理者几乎都一清二楚、了如指掌，管理者自己盯紧即可。

但如果团队较大，或者团队成员无法天天见面沟通时，此时管理者就需要学会用系统来进行跟踪检查。

相信不同行业不同公司都会有许多各式各样的跟踪检查系统和表格，它们之间都有一个共同特点，都遵循跟踪检查的"五定"原则，这"五定"分别是：

（1）定点：什么地方；

（2）定时：什么时间；

（3）定人：谁是责任人；

（4）定岗：跟踪什么；

（5）定责：标准是什么以及现状如何。

把这"五定"组合起来就是一套行之有效的跟踪检查表，如表 4-1 所示。

表 4-1 跟踪检查表"五定"原则之目标管控表

目标管控表					
地点	时间	责任人	跟踪指标	达到标准	现状

在本章第二节里谈到的麦当劳肯德基的"卫生间保洁质量检查卡"就完美地体现了"五定"原则：

（1）定点：卫生间；

（2）定时：每半个小时打扫一次；

（3）定人：保洁员；

（4）定岗：卫生间干净整洁；

（5）定责：标准是无异味、无尿渍、无积便、无垃圾、无水渍、有手纸、有芳香盒、有洗手液；

（6）定责：现状是保洁员自评、店员/店长每天检查六次。

思考题

请找出你所在的公司里实际运作的一张跟踪检查表，并看看"五定"原则是如何体现的。

四、获取员工工作状态的十种有效方法

——案　　例——

许多年前，一名旅客在某机场登机时，拍摄到飞机机身下一名搬运工人装货的短视频。在视频里，这位搬运工搬起一件件货物，直接扔在传输带上，上货的成功率仅约10%，大部分货物都掉在了传输带两边，但是他一点都不在乎。这名旅客对其行为大为不解，拍下视频并配有解说。

该机场公司看到视频后，公司领导高度重视，责成相关单位立即展开调查。

在本章第二节讲过，管理是一门有逻辑和线性的学科，既没有想象中那么复杂，也没有主观上理解得那么简单。

就上面这个案例，这位搬运工人不管是哪家公司的工作人员，作为他的主管都有职责和义务跟踪下属的工作状态，并随时做出相应的调整和改变，以满足计划或者标准的要求。

在日常实际工作中，管理者获得员工工作状态的有效方法主要有以下十种：

（1）现场检查：

即管理者自己到一线或者现场，了解员工的工作状态，并在过程中及时解决问题以及辅导员工。管理上说的"走动式管理"就是这个意思，通过现场的走动来发现更多的问题，并及时了解员工工作的困境。本章第二节中，麦当劳、肯德基洗手间门后"卫生间保洁质量检查卡"里的店长检查就是管理者现场检查的典型例子。

现场检查是一种经典且直接的获取员工工作状态的方法。它不仅帮助管理者掌握第一手信息，还帮助管理者了解相关的事项是否顺利进展以及组织是否运转正常。

（2）远程监控：

即管理者坐在电脑屏幕前，通过监控设备随时了解现场员工的工作状态，发现情况及时调整。

比如上述案例中，如果在机场各个廊桥上安排监控摄像头，就可以及时了解搬运员工的工作状态。

（3）派人抽查：

即在较大的团队里，除了直属主管的现场检查外，还要随机安排人不定期进行抽查，以了解工作状况。本章第二节中，酒店行业的"神秘顾客"就是派人抽查的典型例子。

（4）参照报表指标：

即利用系统数据生成的每日报表，通过各种数据之间的关系，即时、准确地了解各业务单元当下的状况。

许多大公司CEO们其实都是看报表的"高手"，每天上班第一件事就是打开电脑看昨天的数据报表，如果有什么信息自己没有掌握，就会立即拨通电话，问"为什么""什么原因"。

对于中基层管理者来说，办公室墙上或电脑里的各种看板报表是了解员工表现指标的有效工具。

（5）定期一对一面谈：

即在绩效管理过程中，管理者定期安排（月、季、半年）与员工面谈，既可以了解员工工作进度，又可以了解员工状态。

在日常工作中，管理者不必等到绩效管理的定期回顾时才与员工面谈，可以根据任务需要设置定期时间的回顾会。比如，在一线业务部门（销售、生产等）定期的早会、晚会等。

（6）会议信息反馈（其他部门反馈）：

一般来说，公司都会定期召开跨功能部门的协同会议，有时通过会议中其他部门的反馈，也可以帮助管理者了解员工的工作状态。

（7）公司内部审计报告：

较大规模的公司都会设内部审计部门，其目的不仅是为了纠错，同时也是帮助各运营部门更好地保证本部门制度、流程执行的有效性，也是帮助管理者了解员工当下工作状态的一个有效渠道。

（8）客户反馈：

前面的七种方法都是从内部视角来发现问题，从外部视角来看，客户反馈则是员工工作状态的最直接方式。

在这个方面，致力于成为"全球最以客户为中心的公司"这一经营理念的亚马逊公司可能是许多公司的榜样。在《用户经营飞轮》这本书中，作者提道：公司创始人及首席执行官杰夫·贝佐斯在公司开会的时候，身边总是会放一把空椅子，而这把空椅子上的人是会议中最重要的客户——消费者，经理们必须要时时为这把空椅子考虑。

亚马逊公司还设计了"按灯制度"：一旦同一个问题被客户投诉两次时，客服就可以有权对此问题按下"红灯"键，将这个问题下架，而不用担心被惩罚。

（9）标杆对比：

即"学习最佳，成为最佳"，有机会学习行业的标杆，并用行业标杆的数据作为对比，差距及机会显而易见。

（10）定期报告、临时性口头或书面报告：

定期报告是管理者要求员工定期以文字或表格的形式，报告工作的进展情况、遇到的问题及原因、已采取的措施、面临的挑战及需要的支持。

定期报告的形式可以多种多样，包括工作日志、周报、月报以及问题处理记录等。当管理者与员工不在同一地点工作时，定期报告是一种有效的跟踪检查形式。

另外，在日常工作中，常常会有员工临时性以口头（电话）、书面报告形式来解决工作中遇到的问题，此时也是管理者获得员工工作进度以及状态的很好机会。

以上十种获取员工工作状态的方法，各位管理者可以有意识地根据情景组合运用，以更好地了解员工的工作状态。

五、状态跟踪："两板""两会"的有效运用

笔者曾在可口可乐系统装瓶厂里担任人力资源总监，十年时间，经常走访公司各个销售机构，帮助和辅导销售管理者，鼓舞团队士气。

走访销售机构前，我喜欢做的事情是事先不通知，直接到销售机构的办公室门口，然后告诉销售内勤过来开门（销售经理及业务人员都在市场上），我要看看这个销售机构的办公室。

如果这个销售机构的办公室井井有条、干净整洁，墙上的各种海报是最近的，看板上的各种业务数据是最新的，我大概率可以判断这个销售经理是比较用心的，同时善于运用各种管理跟踪工具。

如果这个销售机构的办公室凌乱不堪、杂乱无章，墙上的各种海报还是去年的，看板上的各种业务数据残缺不齐，而且是上个季度的数据，我大概率可以判断这个销售经理还没有找到做管理者的"道"，还只是凭主观认知在带领团队。第二天我还会参加他们的早会，当销售经理在讲话时，如果我看到业务人员眼睛不是炯炯有神的，而是低着头在看自己鞋子是否干净或看手机，此时，我对这个销售经理的管理判断就更加确定了。

前面我们提到，对于中基层管理者来说运用各种看板以及会议来对员工的状态跟踪是最常见的方式，我把这些工具简称为"两板""两会"，"两板""两会"如何有效运用呢？

1. 两板：重点工作看板、进度／业绩看板

重点工作看板是指团队每个周期里最重要的几件事情。

高绩效团队的一个重要特征就是有"共同认同的一致目标"，重点工作看板就是一致目标的体现。它除了自上而下各种形式的分享和沟通外，在许多企业里，还会以如宣传栏、电子屏、电脑桌面、办公系统页面、墙上看板等形式出现，目的就是让员工清晰了解工作方向和重点是什么。

进度看板是管理者跟踪任务进度的一种有效工具。前面我们提到的甘特图就是一种比较直观的进度管理工具，可以帮助管理者清晰了解各项工作的实际进度与计划进度的差距，让管理者对目前的任务进度一目了然。图4-1是进度跟踪甘特图的一个示例。

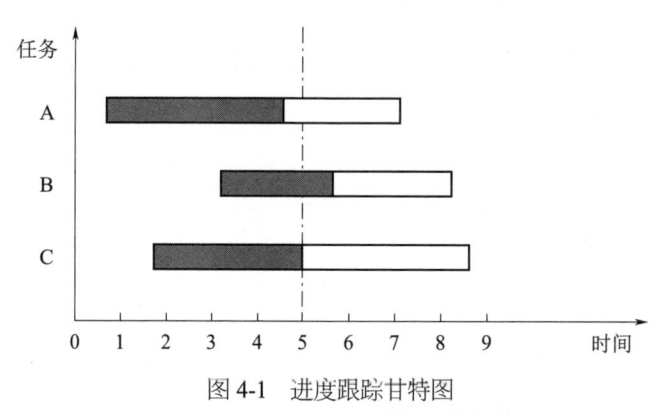

图4-1 进度跟踪甘特图

上图中，在时间进度第5天时，A任务落后计划进度；B任务则超前于计划进度；C任务按计划进行。

对于每月需要追销量的销售团队而言，更多使用业绩看板来关注各项指标的完成情况，即当下时间进度的已完成量与当下时间进度的目标对比。业绩看板简单明了，每天追踪，人人了解。这么做，一方面可以使团队成员及时了解团队和个人绩效的情况，另一方面也是管理者鼓励先进者、鞭策落后者的依据。

另外,我们在许多企业里还可以看到类似如业绩墙、红黑榜、产能及消耗看板等形式。

2. 两会:业务跟进会、早／晚会

有了重点工作看板、进度／业绩看板,管理者与团队成员还需要一个面对面的沟通过程,此时各种业务跟进会,包括早／晚会就成为工作进度和员工状态沟通的重要方式。

(1)业务跟进会:

顾名思义,就是针对任务开展的沟通会,主要目的是让团队成员对各自的工作进展进行汇报,以便所有团队成员了解目前工作的整体状态,并和团队成员共同制订解决方法。

要想开好业务跟进会,有两个关键要点:

第一,到点就开会。

比如两周一次的跟进会(或者叫部门例会),时间到了就开会。但实际工作中,许多管理者却是反过来的,经常在工作群里问一句:大家各自的任务进展怎么样了?如果大家说"进展还好",可能就不开会了。

到点就开会有两个目的:一是通过业务跟进会的形式来强调管理者对工作的关注,让团队成员对业务指标随时"上紧弦""拧紧扣",并达到齐心协力;二是通过业务跟进会的形式核实员工所说的"进度还好"的理解与管理者的理解是否一致,是否有数据和事实支撑。

通过"到点就开会",管理者对团队的执行情况了如指掌,如遇突发状况也能随时调整目标。

第二,业务跟进会要围绕"事",而不是围绕"人"。

许多管理者开业务跟进会,就是挨个点名,团队成员逐一汇报上周都做了哪些工作。这其实是围绕"人"进行,而不是围绕各项业务指标的达成情况而开会。

正确地进行业务跟进会,是要以"事"为核心,通过会议了解执行下来的结果与当初制定的目标的各种偏差，并通过会议制订对当下的执行路径进行纠偏和校准，确保各项业务指标按计划坚定地执行。

（2）早/晚会：

早会或晚会其实就是一种频次较为密集的固定业务跟进会。

一般来说，不同行业不同公司会在早上或下班前的时间选择召开，可能是每天都开，也可能是星期一、三、五召开。

这里以早会为例，许多管理者在开早会时只是按部就班地把公司规定的流程走完，大多数情况下机械且乏味，应付了事。

其实，早会作为固定的业务跟进会主要有两个目的：

①回顾昨天的业绩完成情况，利用进度看板对齐每位员工的业务指标，传达公司的最新政策及业务方案，安排今天的重点工作。

②快速让员工进入工作状态。不论团队员工昨天晚上发生什么事情，只要你到了工作场所，管理者就有责任快速调整团队员工的状态，让其以最佳状态进入一天的工作。只有这样，团队成员才能更好地按标准或要求完成当天的工作任务，团队的执行力才会强。

许多管理者在实际工作中，往往会忽略第二点，以为只要做好第一点就可以了。其实不然，当员工状态不好时，是很难取得好成绩的，这是一个前后因果关系。

在某些行业，比如保险、房产中介、美容美发、餐饮等行业开早会时，管理者会带着员工喊些充满激情的口号或者唱励志歌曲，不理解的人会对此嗤之以鼻。如果从管理角度来看，这就是利用早会调动员工工作状态的一种有效方法，让员工满怀激情地开始一天的工作。

此外，管理者在早/晚会上可以有更多的表扬与鼓励，找出过去一段时间在某个专项做得不错的团队成员进行经验分享。对于业务指标落后的团队成员，建议管理者在随后的工作辅导时一对一面谈，不建议在早会上进行指责、批评甚至骂人！

表4-2是快速消费品饮料行业销售机构的销售经理开好一个30分钟早会的流

第四章 锦囊 4：跟踪检查就是执行力

程指引（需要配合进度看板运用），供读者朋友们参考。

表 4-2　销售机构标准早会流程十步骤

项目时间	步骤	内容	目的及达到效果	运用方式
销售经理开场 10 分钟	1	开场（喊公司口号以及暖场）	营造开心的氛围，有激情的开场，吸引全体人员注意，使大家注意力集中	宣布一个好消息、有趣的故事、幽默的视频、团队旅游照片、安全分享等
	2	关键指标进度分享	简明扼要，突出重点	表扬进度较好的小组或个人，鼓励落后的——请用数据说话
	3	本月/本周/本日工作重点	包括政策介绍	PPT、阅读材料
	4	经理走访市场分享	主题明确	PPT 分享（图比数字好、成功图像）
	5	明确当天目标，引导小组进行讨论	数据可衡量，指引小组讨论主题	PPT、阅读材料
各销售小组讨论 15 分钟	6	关键指标进度分享	简明扼要，突出重点	表扬进度较好的团队，鼓励落后的团队，用数据说话
	7	需要提醒交代相关业务代表的事项	业务代表清楚理解	订单未通过的、库存情况、应收账款等
	8	讨论如何达成目标，确定具体行动点	目标可衡量、可达成	多让业务人员参与，销售主管不要唱独角戏或下命令，小组内业务人员好案例分享
	9	各小组上报讨论结果及当日小组工作重点	通过讨论后的数据，与总体目标相符，主管分享当日小组工作重点	本销售小组进度看板、PPT
最后 5 分钟总结	10	总结及主题分享	明确目标、激励人心、表彰先进	奖品、奖状，可以邀请参加早会的公司各级领导参与颁奖

六、OJC（在岗辅导）项目实践

管理者在跟踪检查过程中，除了纠偏以及解决各种各样的"事"外，还有一项工作很重要，那就是"人"的工作——辅导员工。

辅导员工有三个主要目的：

第一，教会员工、上级轻松。管理者辅导员工是员工成长的一种有效方法。当团队所有成员的能力都得到提升，团队的战斗力值就会猛增。

第二，通过辅导员工，员工反馈的问题管理者会及时给出反馈。如果问题超出管理者的职权范围，管理者可以给员工讲明原因，解决员工的心里困惑，帮助员工建立信心。

第三，辅导员工，不仅可以帮助员工提升专业技能，同时还可以像"政委"一样解决员工思想动力不足的问题，提高员工自驱力。

在笔者的第一本书《高效员工管理：写给管理者的6个锦囊》中介绍了管理者辅导员工四种方法的具体运用，它们分别是：①言传身教四步法；②正向肯定BET法及问题纠正四步骤；③教练GROW模型；④像政委般赋能。

这四种方法如果按关注点是"事"还是"人"，可以区分如下，如图4-2所示。

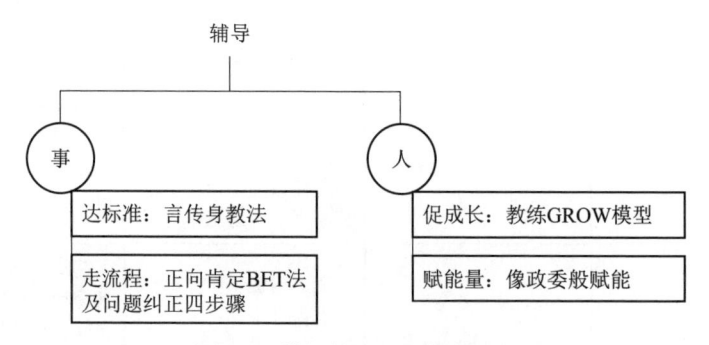

```
                    辅导
                   /    \
                  事      人
                  |      |
         达标准：言传身教法    促成长：教练GROW模型
                  |      |
         走流程：正向肯定BET法   赋能量：像政委般赋能
         及问题纠正四步骤
```

图4-2　辅导员工四种方法区分

那么在组织里，如何运用制度、流程让这四种方法有效地落地执行呢？

这里介绍一个笔者在工作中实践操作的成功案例：OJC在岗辅导项目，以帮助

第四章　锦囊4：跟踪检查就是执行力

管理者更容易理解。

首先申明，OJC（On Job Coaching，在岗辅导）这个词是自创的，源于OJT（On Job Training 在岗培训），是指管理者利用工作实践为基础平台，通过工作或与工作有关的事情来进行辅导员工的活动。

下面，运用STAR模型来讲述这个案例。

背景（Situation）：厦门厂作为可口可乐系统位于福建的一家装瓶厂，负责福建省可口可乐系列产品的生产、销售，共有500多位业务人员以及150多位销售管理者。销售管理者的主要工作目标是确保所属团队正确执行公司的各项政策、计划和活动，完成周期内公司分配给本区域的各项业务指标。

任务（Task）：销售管理者按公司要求，每周定期进行业务人员的跟线工作（即与业务人员按流程进行客户拜访，与业务人员一起完成店内执行标准，并在这个过程辅导业务人员），以更好地帮助业务人员成长，发掘市场机会，推动业务可持续发展。此时HR部门需要帮助销售管理者快速掌握跟线过程中辅导员工的方法与运用技巧。

行动（Action）：

第一步：与销售业务部门一起，结合每位销售主管的跟线计划安排，设计"在岗辅导（On Job Coaching）周报告"，周报告如表4-3所示。

第二步：HR同事深入各销售区域一线进行详细培训和答疑解惑，帮助一线销售主管充分理解和有效运用OJC辅导，有力推动OJC有效落地。

第三步：有效执行"在岗辅导（On Job Coaching）周报告"，时间周期为半年。执行过程中，HR部门与销售业务部门对销售主管的报告进行回顾并辅导。

结果（Results）：100%的销售主管掌握了辅导员工的方法，并可以在工作中灵活运用，业务人员获得成长并高效完成各项业务指标，各销售小组的战斗力和执行力均得到快速提升，助力公司连续三年获得业务增长佳绩，同时赢得第一届太古可口可乐（中国）最佳装瓶厂大奖！

表 4-3　在岗辅导（On Job Coaching）周报告

在岗辅导（On Job Coaching）周报告					
说明：各机构销售主管于每周前提交一份周在岗辅导（On Job Coaching）报告，提交直属经理及区域经理签字后交人力资源部存档					
日期	辅导对象	辅导行为			
^	^	① 像政委般赋能	② 言传身教四步法	③ 正向肯定 BET 法及问题纠正四步骤	④ 教练 GROW 模型
周一					
周二					
周三					
周四					
周五					
【我是如何辅导的】时间：　　地点：　　辅导对象：　　（请描述本周的一个实例）					
背景（Situation） 当时的情况怎样					
任务（Task） 你的挑战或目标是什么					
行动（Action） 你对当时情况有何反应 你实际做了或说了什么					
结果（Results） 产生了什么样的影响					
其他需反馈的情况：					
OJC 执行人： 时间：		直属经理： 时间：			区域经理： 时间：

七、有效复盘：绩效结果面谈三要点及四步骤

——案　例——

老张是一家企业生产部的经理，他的下属包括5位机电工程师及3位生产线主任。一年工作结束，老张按公司人力资源部门发出的绩效时间安排要求，年底需与下属们进行一年一度的绩效结果面谈。

原本绩效结果面谈对老李而言，是每年的例行工作，而且自己也是这个领域的老专家，平时绩效结果面谈时都是凭主观印象，下属们也不敢有什么意见。但自从去年开始，一位资深工程师对自己的绩效评估结果十分不满，不接受绩效评级，还提出老张对他的种种不满都是老张的片面意见，最后闹到供应链总监以及人力资源总监处才解决。因为这件事，老张被总经理开会时点名批评。

对于今年的绩效结果面谈，老张的心情还真有点忐忑不安，因为他担心去年的尴尬场面再度上演。

1. 不要害怕与员工进行绩效结果面谈

在第二章第二节我们谈到目标，对于公司里的每一个岗位，其目标（结果目标+行为目标，也可称 KPI）主要有三个来源：

第一个是由公司战略自上而下层层分解，形成部门目标，然后分解任务，制订计划，落实到每个团队成员；

第二个是团队成员所在岗位的岗位说明里的主要工作目标量化而来。

第三个是管理者或最高管理者临时交办的事情（但这个一般不会放到 KPI 里）。

当管理者与员工对目标沟通达成共识后，随着跟踪检查执行到位，绩效周期结束时，管理者就需要按照公司制度及流程与团队成员进行绩效回顾（也可称复盘），回顾过去这个周期哪些做得不错，哪些需要改善，哪些能力需要提高，了解实际工作中的困难，为下一周期的目标实现增加确定性。

此时，绩效回顾正常来说会分两个阶段：

第一阶段：团队成员自评，以及管理者评价

在这个阶段，团队成员会先对周期初，双方达成共识的各项业务指标的完成情况进行自评，并运用数据以及事实来自证（纸质版或有系统支持的均可），随后提交。

管理者收到员工自评后，会基于数据与事实对团队成员各项业务指标的实现进行评价，以确定员工本绩效周期的考核表现以及最终考评等级（如何确认等级，请参考本章第八节内容）。

第二阶段：绩效结果面谈

这个阶段是指管理者和团队成员正式的、面对面的沟通机会，通过绩效结果面谈让团队成员有机会对自己周期内的工作表现进行阐述，同时让管理者对员工在这一周期内各项指标进行评价以及工作上的得与失，听取员工对于未来工作的建议，告之本周期内的绩效结果，并与员工就其个人的绩效评价情况达成共识。

然而，在实际工作中，许多管理者并未把绩效结果面谈这一环节做好，原因有三个：

（1）管理者认为自己天天与员工在一起，员工应该知道自己的要求与想法，没什么好谈的。

管理者这是陷入了"凡事应该如此"的固有思维里，每个个体的认知世界是不一样的，一件事情站在不同角度得到的结论可能也是不一样的，所以，员工不一定"应该"知道管理者的要求与想法，而且如果不将绩效结果正确、有效地反馈给员工，那么整个管理的闭环过程就将失去关键的一环。

（2）流于形式，为面谈而面谈。个别管理者认为绩效结果面谈浪费时间，是被公司或者人力资源部要求不得不做的事情，于是为面谈而面谈。开头的第一句话就是"唉，这不是我想做的，是人力资源部要求的，我们就简单聊两句吧"。

更有甚者，要求员工直接在绩效面谈表上填写自己一年的工作表现，然后自己在表上盖章签名应付了事。这些行为其实是浪费了一次宝贵的帮助员工成长，为下一周期目标实现增加确定性的机会。

（3）做"老好人"，害怕与员工面对面沟通。

做"老好人"是某些管理者的心态，不想得罪员工，没有自信和勇气面对员工不认可绩效结果的情况，甚至会说"不是我不想让你评更高的等级，公司就是这么规定的，没办法"。

更有些管理者为了省事，干脆将员工的绩效等级分数都较可能地打高一点，以避免自己与员工在绩效结果面谈时，彼此争得面红耳赤。

2. 绩效结果面谈三要点

管理者在绩效结果面谈中需要关注以下三个关键点：

第一，信任关系是绩效结果面谈有效的基础。

管理者与团队成员建立良好的信任关系，是领导力提升的关键一步。当员工感受到管理者包容、在乎、信任他们的时候，此时团队就容易同舟共济、一致前行！

建立了信任关系后，在绩效结果面谈时，管理者会让员工真实地感受到对他的表现满意，对他的表扬是真情流露，对他的帮助是认真的而不是走形式，应付了事。只有这样，员工才会把管理者的表扬和建议当成激励，在以后工作中更加努力；员工才会把管理者的改善要求当成鞭策，在以后工作中积极改进！

第二，需要充分的准备，包括时间、地点、客观数据/案例等资料。

时间：不要匆匆忙忙临时通知，要让员工有思想准备和一定的准备时间。

地点：相对安静、不易被打扰的场所，比如独立办公室、会议室、会客间等。

客观数据/案例等资料：管理者需要针对周期初双方达成共识的各项业务指标，用数据、事实、案例、资料客观、公平地评价员工的完成情况，这样才会有说服力，才能让员工重视绩效结果面谈。它包括：

①准备员工各项业务指标的完成情况，阅读员工提交的自我评价信息，对比双方不一致的地方，数据是否准确、真实，数据来源是否明确，是什么原因造成的。

②准备平时在跟踪检查时收集的案例、资料、事实等。

③准备员工的日常关键事件记录、其他部门/客户的反馈等。

第三,清晰面谈目的。

绩效结果面谈的目的是肯定成绩、指出不足,帮助员工制订能力提升或绩效改进计划,以期下一周期做得更好,而不是为了处罚员工!

许多管理者在绩效结果面谈过程中,把重心放在检讨过去的绩效表现上,甚至个别管理者以"修理"员工的心态准备面谈,这样的行为和心态不是在解决问题,而是在制造问题。因为无论员工的绩效结果是好还是坏,都已成为事实,此时再去指责、批评、羞辱员工没有任何意义。

3. 绩效结果面谈四步骤

管理者开展绩效结果面谈时可以按以下四步骤(见图 4-3)进行,分别是:

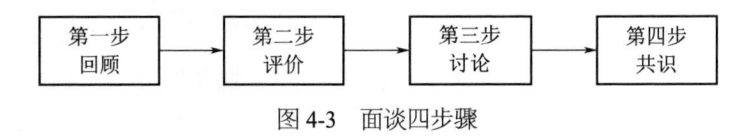

第一步 回顾 → 第二步 评价 → 第三步 讨论 → 第四步 共识

图 4-3 面谈四步骤

第一步:回顾

管理者开场与员工寒暄几句缓和氛围后,即可说出今天沟通的主题是绩效结果面谈,并邀请员工对这个周期的业务指标(KPI)完成情况逐项进行自我评价。

在这一步中,管理者不要急于评价,而是尽可能地让员工把业务指标(KPI)完成情况表述完整。

第二步:评价

管理者针对员工的业务指标(KPI)基于数据、事实逐条评价,并适时地提出具体的案例、资料或记录,主要分以下三种类型:

(1)对于员工表现优异的指标,管理者可以给予赞赏与肯定成绩,明确优点。

管理者可以这么说:"今年你所负责的品牌推广工作做得很不错,在活动策划、组织实施方面很有新意,特别是利用小红书/B站/抖音/微博 KOL 话题热搜等新媒体方式为品牌造声浪,对吸引流量贡献很大,大大提高公司产品的整体销量,今年公司这几个产品的销售收入达到多少万元(数字),从销售部门的反馈来看特别满意,我很高兴你通过这些努力取得了上面的成绩。"

(2)对于员工正常达成的指标,管理者可以告之工作表现的一致性、稳定性。

管理者可以这么说:"今年你负责的人力资源日常运作工作都能按要求完成,每月给管理层的报表能及时、准确地发出,日常制度流程跟进也到位,定期的 HR 例会也顺利进行并有创新,期望明年可以继续保持。"

(3)对于员工未能达成的指标,管理者可以运用同理心,并对产生的差距挖掘出真正的原因,只有这样才能对症下药,为下一步讨论及达成共识打下基础。

管理者可以这么说:"在新客户开发这个指标上,如你刚才自我评估所说,并没有达成年初的设计目标,我理解你,付出努力但仍未达成这项目标是件难过的事情,新客户的开发对于你以及团队未来的目标完成及增长是一个关键因素,你看接下来如何可以快速改善这一点,或者需要什么支持?"

第三步:讨论

管理者与员工针对前面的各项指标以及日常工作的实际表现进行讨论,员工也可以就此提出自己的观点、看法、面临的困难,即使是这项指标没有完成,也可以利用这个机会与直属管理者探讨可能的机会点。

有时候,只是按员工的各项 KPI 指标(5~6项)的完成情况(考虑到会有一些客观因素影响)还不能真正反映员工的日常工作表现,管理者可针对员工其他有改善空间的地方,提出自己的改进建议。

比如,管理者针对员工在团队管理中,如何更好地创建团队氛围时,可以这么说:

"另外,我想跟你沟通一下有关团队带领的问题。我也听到一些你团队成员的反馈,认为团队氛围比较闷,平明缺乏交流,而且这一年个人成长的空间不大。从我的观察以及刚刚完成的员工敬业度结果来看,你的团队在团队精神与协作这一项确实有较大的改善空间。我期望整个团队都应该是积极向上、齐心合力、共同进步的团队。作为团队的责任人,就这个问题,我想听听你的想法。"

也可以这么说:"作为同一个团队,我也想听听你对我的工作有什么看法或者建议,可以让我们团队的工作做得更好?"

第四步:共识

平时双方信任程度、管理者领导力的良好体现、基于数据/事实的沟通会让双方很快达成共识。

此时,管理者可以告之绩效结果等级(当然,有些公司的流程需要等到最终决策者批准后方会告之员工),连同前面达成的指导性建议与员工共同制订的改进发展计划以及跟进时间表,与员工共同签字确认。

最后,管理者感谢员工为参与此次面谈投入的时间,并表达对未来工作的期望。比如管理者可以这么说:"好的,我们今天的面谈就到这里,谢谢你的参与,明年继续加油,为我们团队达成目标贡献力量!"

一次成功的绩效结果面谈,可以让管理者与团队成员敞开心扉、坦诚沟通、消除认知差异、增进信任、达成共识。当团队成员走出房间时,相信他对自己工作的评价是客观的,并从直属管理者那里得到了很多指导性的建议,接受自己需要改善的地方,并有信心在接下来的工作中与直属管理者继续一起前行,从而达到提升组织效率的目的!

当然,管理者也要清楚地意识到,绩效低的员工有时难免会有抵触情绪,单靠一次绩效结果面谈就达到上面说的目的,确实有点难。这就需要管理者在目标达成共识、过程辅导、帮助解决问题上多下功夫。

> **思考题**
>
> 管理者结合自身工作,按照上述四个步骤有效地开展与员工的绩效结果面谈。

八、为结果买单:放大"五斗米"的价值

作为经常与中基层管理者接触的人力资源从业者,我经常会问他们一个问题:

"如何可以把自己的团队打造成高战斗力、高执行力的团队？"他们都会回答："要激励员工。"可当我再问如何激励员工时，他们的答案是：加工资、升职。

当我再问："那你可以随意给员工涨薪、升职吗？"对方就哑语了。许多管理者在大脑里有一个思维定式：激励＝涨薪、升职。

既然管理者不能随便给员工涨薪、升职，那就要运用好绩效结果，放大"五斗米"的价值！

1. 薪水是员工付出劳动应该得到的报酬，是一种等价交换

管理行业有这么一句话：分工让劳动效率最大化；分权让组织效率最大化；分利让个人效率最大化！

从时间大尺度来看，人类进化过程中每个人最原始的驱动力就是活下去，而活下去则需要趋利避害，只此因势利导才能引导一个人的成长。

正常来说，员工的薪资收入主要由两部分组成：固定工资＋浮动奖金。

固定工资在不同公司的叫法可能不一样，如基本工资、岗位工资、职务工资等。其内涵是一样的，都是指员工提供国家规定的正常工作时间劳动，企业需要支付不低于当地最低工资标准的劳动报酬。

浮动奖金则是依据员工付出劳动的贡献价值而支付的薪水。它的数值从理论上来说是从零到无穷大，包括月度/季度奖金、年终奖金、长期奖金等。其中，月度/季度奖金直接与员工月度/季度绩效结果关联挂钩，管理者不能随意更改员工的这部分奖金，但可以帮助员工尽可能在公司绩效规则范围内多拿奖金；年终奖金则与员工一年的绩效结果以及公司的盈利情况有关；长期奖金则与各类股权有关。

正常情况下，要调整各岗位员工的薪资，必须由公司决策者指示人力资源管理部门，依据既定的薪酬政策做出调整。管理者不太可能拥有这样的权利！

那管理者要如何激励员工呢？管理者必须充分理解公司的政策，帮助团队成员获取利益最大化！这里讲的公司政策是指达到一定规模相对正规化运营的公司制订的政策。如果您目前所在的公司处于创业期，下面的内容可能不太适用。

一般来说，公司制订的员工薪酬政策主要有以下两个要点[④]：

第一，公司会根据市场薪酬水平以及本行业定位、盈利情况、战略决定公司的薪酬定位，制订出每个岗位的薪酬数据范围（最低值、中位值、最高值）；每位员工的具体薪资会由其能力以及工作中做出的绩效决定其在薪酬数据范围的位置。

第二，在公司正常盈利的情况下，公司会给员工调薪，一方面是为了战胜KPI，另一方面是激励能力强、绩效好的员工，以达到鼓励先进、鞭策后进的目的。

因此管理者必须明白：任何一家正规运营的公司，绩效结果的运用一定要保证导向明确；要体现企业鼓励什么、反对什么；同时体现差距明确的激励导向，多劳多得，激励员工不断持续奋斗，创造更高业绩，这样才能实现企业与个人的双赢。

如果不能将绩效结果用好用对，员工看不到激励结果，绩效管理效果将大打折扣，后续工作的推进也将困难重重。

2. 团队成员年度绩效结果如何分布

前面我们提到，员工的年度调薪以及年终奖等会直接与员工的年度绩效结果紧密关联。

评价团队员工的年度绩效结果主要有两个方面：

第一，绩效等级的档次。

管理者通过绩效结果面谈综合员工的业务指标完成情况（占主要部分）、员工的能力匹配情况以及员工的价值观行为情况，最终会给员工一个"评价档次"。不同公司的"评价档次"会不一样，有的是三个档次即"优秀、胜任和不胜任"；有的是五个档次即"卓越、良好、胜任、只达到最低要求和不胜任"（"A、B、C、D、E"）。

这里建议绩效等级分为五个档次，颗粒度更细一些，可以更好区分员工的绩效完成情况。

[④] 两点详情可参阅笔者的第一本书《高效员工管理：写给管理者的6个锦囊》。

第四章 锦囊 4：跟踪检查就是执行力

> **小贴士**
>
> 无论是三个档次还是五个档次，最中间的档次不建议用"合格"这个词，建议用"胜任"这个词。因为"胜任"最能体现真实的意思，一位员工能胜任岗位的要求是一件不容易的事情！

管理者（绩效结果审核人）以及高一级管理者（绩效结果审批人）是员工的"合法的评价者"，员工的评价档次（要遵循公司的政策要求）和评价意见（理由和依据），通过绩效结果面谈由管理者如实反馈给员工本人。员工如有不同意见，公司会提供渠道让员工提出申诉，由更高一级的管理者作出裁决：调整或维持评价结果。

第二，绩效等级的分布。

正常来说，当绩效周期初目标有清晰的设定、达成共识，过程中管理者的跟踪检查、辅导、问题解决到位，到了绩效周期末开展有效的绩效结果回顾、面谈，并遵照公司的制度与流程，那么整个团队的绩效等级分布就会自然呈现！

这种呈现大概率会是一个类似"正态分布"的 271 法则。根据 80/20 法则，大约 20% 优秀的员工会贡献企业 80% 的业绩；大约 70% 员工的表现是胜任当下的岗位，大约 10% 员工的表现只是符合最低要求或者不胜任当下的岗位，如图 4-4 所示。

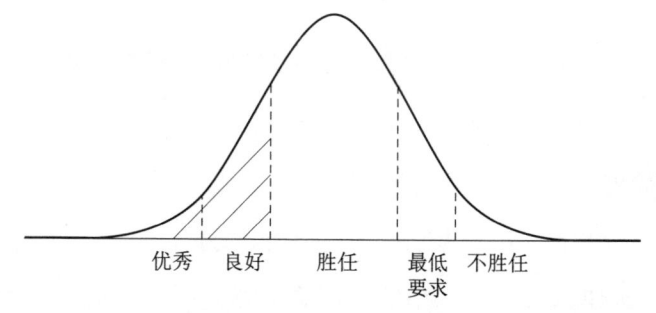

图 4-4 团队员工年度绩效等级"正态分布"

因此，"正态分布"是果，而员工的绩效表现结果是因，这个因是优秀员工与普通员工以及不胜任员工的重要区分！

但在实际工作中，许多管理者包括公司的 HR 部门把因果颠倒：他们只顾把注意力集中在如何将员工按正态分布确定绩效等级,甚至强制要求按比例分布,还美其名曰"末位淘汰",而忽略了去探寻为什么员工的绩效等级是这个结果,背后的逻辑是否正确,结果是否公平、公正!

根据 80/20 法则,绩效结果的目的是找出绩优者,并对绩效结果好的员工给予较高的物质奖励,激发员工工作干劲,刺激人人争优!但绩效结果用不好则会放大不公平感,激化上下级矛盾。

基于这个原因,这里对公司在实施"正态分布"绩效等级时提供两个补丁。

第一个补丁:半强制分布

在公司的绩效管理制度里,对于 20% 绩效表现超出胜任要求的员工可采用强制分布,即每个团队里绩效优异者就是 20% 的比例(如果公司业务处于快速上升阶段,这个比例可以调整到 25%~30%)。

这样做的好处是帮助各级管理者克服绩效管理中容易出现的偏松偏紧和趋中效应等现象,拉开绩效分布的距离。

而对于表现只达到最低要求或者不胜任的 10% 不采用强制分布,管理者要本着"求真务实"的原则来确定,比如有的员工绩效表现确实是处于这个区间则如实体现出来。

做到真实、公正、公平的员工绩效等级分布是考验每一位管理者的真实管理水平!

第二个补丁:业务绝对分布

可能有的管理者会说,虽然是半强制分布,但仍然还会有不公平的情况出现,比如,同样是销售部门,A 销售区域今年完成得很好,销售收入目标实现 150%,其他各项执行指标也完成了;B 销售区域今年正常发挥,销售收入及各项执行指标都实现目标。如果按照半强制分布,表现优秀和良好的人数比例都控制在 20%,确实有失公平,怎么办?

这时,就需要运用"业务绝对分布",意思就是只要这个团队的成员销售收入目标都实现 110% 这个公司基准线(这里的 110% 是举例子,具体数据由企业决定），其他执行指标完成任务，则其绩效等级可以列为优秀；处于 101%~109% 区间的，绩效等级可以列为良好，不受 20% 的限制。

所以，这个补丁只针对那些目标指标是可验证的、客观的、可发挥空间的一线团队，可以提高一线业务团队士气，以达到长久的团队激励效果。

华为内部有篇文章《绝对考核的目的是团结多数人：任正非在基层作业员工绝对考核试点汇报会上的讲话》（2012 年 3 月 19 日），里面提道："我们一般岗位的员工，经验是主要的，他们的生产技能、资历也是重要的。用不着 A、B、C 的挤压，挤压可能使基层员工不团结（他没有这么高的理解力），而且耗费了大量的人力资源，他们实行绝对考核更适用……如果优秀员工占少数，优秀员工可能会成为讥讽的对象，他们很孤立，不敢大胆地伸张正义。所以，优秀员工占多数，落后占少数，落后在这里就没有土壤了，他们就必须进步。"

任何管理工具都不是十全十美的，绩效结果"正态分布"的 721 法则也是如此，但它是目前企业接受度最高的绩效结果分布方法，最大程度保证了绩效结果的公平性。

当然，无论采取多少技术手段、补丁方法，企业最终员工的绩效结果也无法达到百分之百准确、公平。事实上，如第一章第四、第五节所谈，唯有从组织赋能、管理者赋能出发，从企业文化建设开始，强调目标精神与团队合作意识，方能形成良好的内部协作氛围，这样才能对绩效管理体系起到必要的互补和推动作用。

3. 绩效结果的有效运用

除了物质回报，绩效结果一般还会运用在以下几个方面：

（1）培训改进（即上一节绩效结果面谈里的改进计划）；

（2）职位调整（当有新的晋升机会时，理论上绩效结果等级优异的员工机会更多，降级或淘汰绩效表现不佳者）；

（3）招聘甄选（可以从绩效结果优异的员工身上提炼胜任特征）；

（4）人才管理（横向/纵向人才管理，是公司人才培养中九宫格工具运用的重要基石）；

（5）企业文化（从绩效结果判断员工的行为是否趋向组织目标，公司的企业文化是否公平、公正）；

为结果买单，放大"五斗米"的价值是管理者交付任务结果的最后一个关键环节，如果绩效结果没有有效运用，公司内部资源分配就没有任何依据，这样只会大大打击团队成员（尤其是优秀员工）的工作热情，团队任务结果交付就无从谈起，最终整个组织也就无以为继了！

第五章

锦囊5：管理者的问题解决力

一、厘清问题，成功一半

如果我有 1 小时来解决问题，我会用 55 分钟思考问题，再用 5 分钟思考解决方案。

——阿尔伯特·爱因斯坦

1. 解决问题是通向结果交付的桥梁

在图 1-2 中，管理者要想顺利完成任务、交付结果，有两条路径：一条是像"团长"一样把如何做（HOW）管理的八个规定动作做好、做到位；另一条是像"政委"一样解决员工为什么做（WHY），即团队成员自驱力的问题。在这个过程中，管理者的角色一半是团长、一半是政委。

在 HOW 的这个路径中，各种棘手问题是每一位管理者必然会面对的，而且职位越高，需要解决的问题越复杂。对于管理者而言，成为解决问题的高手，有时比拥有高学历要重要得多。

那什么是问题？问题就是现状与目标的差距，也可以用一个公式来表示：问题 = 目标要求 − 现实结果。

目标要求可以是月度/年度的销量目标，可以是生产线机器的正常运转率，可以是销售业务人员的流失率，可以是 SAP（System Applications and Products in Data Processing，企业管理解决方案）项目的顺利实施，可以是制造成本控制，可以是材料品质保证，甚至可以是按计划安排的事情，等等。

现实结果就是当下工作的状态。当目标要求和现实结果有差距时，问题就出现了，差距越大，问题越大。

2. 厘清问题三步法

管理者每天都会面临许多的决策，大到公司战略方向，小到晚上吃什么，大大小小的决策我们可以称之为"问题"。当然，有些问题显而易见，而有些问题却没有表面那么简单。

第一步，定义问题

对于一个问题的重新简洁陈述常常碰巧能够向我们揭示出它的几乎全部解决办法。

——波普《走向进化的知识论》

定义问题，就是把问题描述清楚，这里建议使用 4W2H 法（也叫 6 何法），即谁（Who）在什么时间（When）什么地点（Where）发现什么（What）差距如何（How），如果不解决差距会造成什么后果/代价（How Much）。

4W2H 法的目的，是帮助管理者想清楚，到底要解决什么问题。

在实践工作中，有些问题很容易解决，从数据上一看便知。比如，本月招聘实际到岗人数 30 人，计划到岗人数 50 人。但有些问题是需要管理者深度思考的。

让我们来看一个例子，有一家高层酒店收到客户投诉："酒店的电梯速度太慢。"如果管理者要直接解决这个问题，解决方案可能只有一种，即更换速度更快的电梯，但这对酒店来说，无疑是一个费时费力的大工程。

此时，管理者可以运用我们第三章讲过的"上堆"法把这个问题变为"如何改进客户乘坐电梯的体验"。

当重新定义问题后，你会发现对应的解决方案可以有多种，比如在电梯里的三个墙面安装镜子，比如张贴有价值资讯的海报。

让我们再来看一个例子，下面是一位业务人员与销售经理的对话：

业务人员："现在特殊时期，天气又不好，客户都不下单。"

销售经理："来，我们看看是哪些渠道的哪些客户不下单？"

此时，销售经理就是运用了我们第三章讲过的"下切"法把问题聚焦在哪些渠道的哪些客户上，为双方接下来的对话打下基础。

对同一个问题，站在不同的视角来看，可能得出的答案就会不一样。所以，对问题的定义，运用区分的逻辑工具可以把问题表述得更加清晰。

第二步，界定范围

在第二章"明确任务五问"中讲到，管理者首先要明确任务的范围。厘清问题也同样需要明确问题的边界，管理者不要凭自己的主观判断超越或缩小问题的边界。

比如，是在全集团范围里解决问题还是在某个子公司范围内解决问题，它们的问题边界是完全不一样的。问题边界不一样，看待问题的视角、获得的资源、利益相关者的人数就会不一样。

第三步，描述问题解决时成功的标准

即成功图样。当这个问题被解决时，管理者对理想结果的详尽描述。它可以是一个目标的描述（符合 SMART 原则），比如：

- 3 个月内将进入系统数据的精确度提高 30%；
- 4 个月内将客户的投诉率从 18% 降低到 2%；
- 在保证服务标准的前提下，将生产效率提高 10%；
- 100 天内收回 600 万元的应收账款。

它也可以是一个场景描述（未来的图像）或纯感性的描述。

这么做，有两方面的意义。一方面是对定义问题的再次印证，另一方面是帮助管理者尽可能勾勒出成果框架和评价标准，朝着结果的方向努力，同时启发管理者的思维，为后续的有效解决方案打下坚实的基础。比如，管理者可以这样问自己：

- 这个问题被解决的标志是什么？
- 如果这个问题被解决，客户/领导会期待有什么样的结果？
- 问题被解决的可量化指标是什么？
- 问题解决后，员工/客户的感受会怎样？

一个界定良好的问题，问题已经解决了一半。

——杜威

当管理者能运用厘清问题三步法（定义、范围、成功图样）把问题厘清，就是成功解决问题的良好开始！

二、摈弃"赌徒"思维，找到关键驱动因素

1. 什么是"赌徒"思维

——案　　例——

"万嘉店"是佳盛大型社区里的便利店，于小区交付时开始营业。随着小区入住率的提升，便利店的年营业额达到 102 万元左右（月均 8.5 万元），年净利润达 10 万元左右。然而，一段时间后，店里的营业额进入瓶颈状态，连续三个月没有任何突破，小店经营者向作为朋友的你咨询点建议。

相信读到这里，90% 的读者大脑里的第一个反应就是：做促销活动呀！是的，做促销活动可能解决短期营业额突破的问题，但可能无法解决长期营业额突破的问题！如果就这样付诸行动，会冒很大风险，我们把这种灵光乍现式的解决问题方法称为"赌徒思维"，国内著名商业咨询顾问刘润把其称为"散点思维"。

既然不能用这种思维解决问题，那管理者面对各式各样的问题该怎么办？

这就需要运用结构化及线性的逻辑思考方式来解决：即将问题的各个要素细分、拆开分解，明确问题的本质，找到问题突破口，再制订相应的方案并行动。这个过程可以分为五步，如图 5-1 所示。

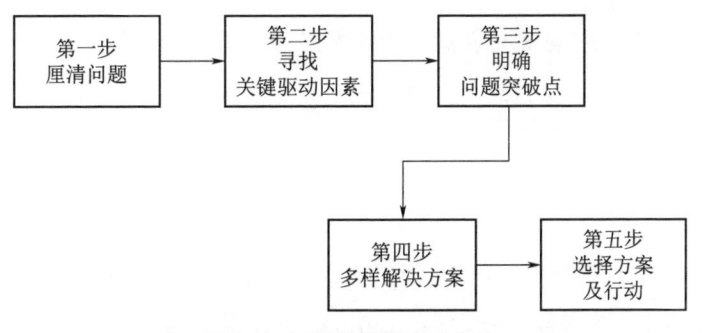

图 5-1　问题分析解决五步法

其中，寻找关键驱动因素是过程中最关键的一环！即用 80% 的精力寻找关键驱动因素，用 20% 的精力寻找解决方案。

寻找关键驱动因素一共有四种方法，如图 5-2 所示，我们将在接下来的内容里一一介绍。

图 5-2 寻找关键驱动因素四种方法

2. 寻找关键驱动因素：模型法

在第一章我们讲了模型的定义，针对本节一开始"万嘉店"的案例，我们可以用模型来看看它的营业额是怎么来的。

作为起步期的便利店：营业额 = 成交客户数 × 客均消费次数 × 次均消费额。要想提高营业额，主要从公式的三个变量入手。在小区入住率不断提升、小店 SKU（商品存货单位）有限的这个客观条件下，如何获得成交客户数是营业额增长的关键点。

因此，作为店铺经营者可以做一些如收集名单和信息、筛选分析、有效接触潜在客户、张贴宣传单、推荐商品、送货上门、登记建档等方面的工作，努力增加营业额。

相关的模型及公式有许多，比如：

• 鱼骨图：也叫因果图，是东京大学石川馨博士在 20 世纪 40 年代早期发明的，故又名"石川图"。不同领域会有不同的鱼骨图模型，比如制造领域里的"人、机、料、法、环"鱼骨图。

• 解决战略中行业竞争力分析的模型：波特五力模型（供应商的议价能力、购买者的议价能力、潜在竞争者进入的能力、替代品的替代能力、行业内竞争者出现时的竞争能力）。

- 解决员工保留问题的模型：薪心相印模型（可参阅笔者第一本书）。
- 教练工具中的有效模型：GROW 模型（可参阅笔者第一本书）。
- 管理者赋能员工简洁模型（可参阅本书第一章第六节）。
- 解决单店产品销售额的模型：PITA 模型（营业额 =Population 人流量 ×Incidence 购买率 ×Transactions 购买数量 ×Amount 金额）。
- 解决定价问题的模型：价格 = 成本 × 定倍率。
- 解决用户忠诚度的模型：用户忠诚度 =（我提供的价值 – 他提供的价值）+ 转移成本。
- 解决商品价值的模型：商品价值 = 功能价值 + 情感价值 + 资产价值。
- 解决 GMV（网站成交金额）的模型：成交额 = 流量 × 转化率 × 客单价。
- 解决人生幸福的模型：幸福 = 社会价值排序 × 自我认知 × 健康。
- 解决自律的模型：自律 = 改变意愿 × 可行愿景 – 惯性。

通过模型（或公式）寻找关键驱动因素的方法，特别适合管理者去拆解目标明确、达成路径清晰的问题，管理者平时要多阅读、多积累相应的模型（或公式）。

管理者在选用模型（或公式）时，选择最接近"要素"间"连接关系"的公式是关键。用错误的、不准确的、颗粒度大的公式，不但不能解决问题，反而会造成更大的问题。

3. 寻找关键驱动因素：流程法

有时，管理者在工作中遇见的问题，有清晰的流程进行，那么此时就可以把流程图画出来，同时把每个步骤负责人、具体操作动作、所花费的时间及资源等列出，看看是否有可改善的空间以及相应的优化方案。

比如图 5-3 是某公司的货物发送业务流程图机会点及优化方案。

公司货物发送业务流程图	具体问题	优化方案
管理员：发单	手工表单字迹潦草	电子化
拣货员/包装工：拣货/打包 → 装车	拣货效率低	优化货物堆位，易于拣货
司机：送货 → 卸货	上班后司机等待装车	装车时间提前至头一天晚上，确保司机一上班就出车
客户：检查货物 → 是否准确 → 是 → 完成；否 → 给管理员电话	客户常常不在现场，司机长时间等待	销售事先预约好客户时间

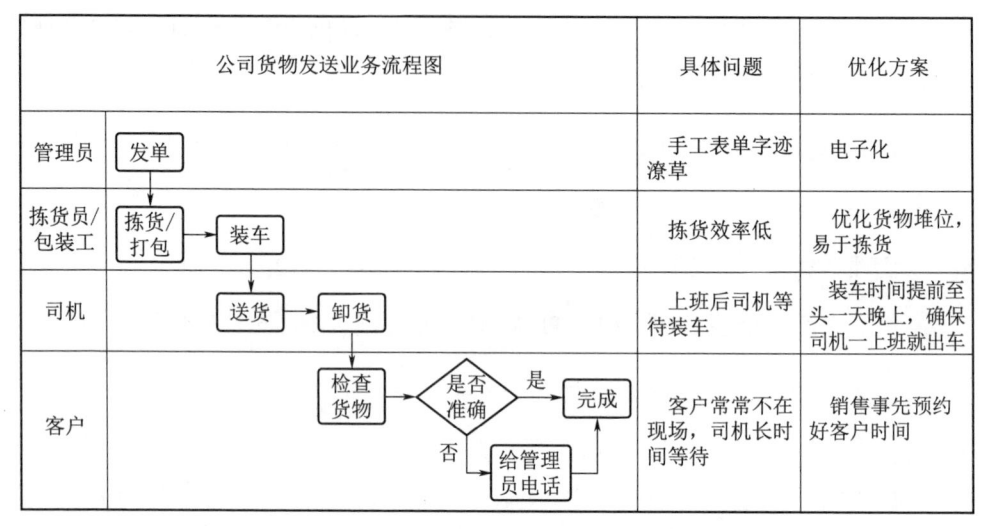

图 5-3　流程法寻找关键驱动因素

4. 寻找关键驱动因素：要素分解法

如果遇到的问题没有可参照的模型（或公式），也不是按一定流程进行的，此时就要按照 MECE 原则，把问题按要素进行分解，来寻找关键驱动因素。

比如，当你下班回到家，按了一下开关，发现家里的灯不亮了，此时大部分人接下来的行为其实就是运用要素分解的方法来找到灯不亮的原因：

（1）是否整个小区停电：看一下小区其他家里的灯亮不亮；

（2）是否自家总闸跳闸：看一下家里的总闸是否跳闸；

（3）是哪路分闸跳闸：一一试分闸，看是哪闸电路出问题；

（4）检查具体哪个插座问题：原来是厨房水槽下的插座渗水导致跳闸了。

再比如，当我们想提高公司某一产品的市场份额时，就可以把与市场份额相关的要素都罗列出来，然后寻找相关机会点，如图 5-4 所示。

第五章 锦囊5：管理者的问题解决力

要素	内容
产品	质量、水准、品牌、服务项目、保证、售后服务
价格	折扣、付款条件、顾客认知价值、质量价格比、差异化
分销	所在地、可及性、分销渠道、分销范围
促销	广告、人员推销、宣传、公关、形象促销、营业推广
人	态度与行为、可靠性、负责、沟通、顾客参与
有形展示	环境设计、设备设施
过程	员工决断权、活动流程、顾客参与度

图 5-4　提升市场份额考虑的要素框架

下面是一个关于通用汽车工程师如何运用要素分解的方法来解决发动机不能起动的故事，供管理者们参考。

——案　　例——

20世纪，美国通用汽车公司发生过这么一件事。一位客户写信给通用汽车公司，提到他家里每天在吃完晚餐后，都会用冰激凌当饭后甜点，因为冰激凌的种类很多，所以每天饭后大家需要投票决定吃哪种，他再开车去买。

最近，只要他买的是香草冰激凌，从店里出来汽车就无法启动。但如果买的是其他口味的冰激凌，他就可以非常顺利地启动汽车。于是他认为是香草冰激凌与汽车之间存在不匹配。

通用汽车公司的工程师开始都认为这是无稽之谈，不同口味的冰激凌怎么可能和汽车的启动有关系？但他们还是决定派一位工程师去调查一下。

工程师在这位客户用完晚餐后与其见面，之后两人驾车驶向冰激凌店。恰巧晚上的投票结果是香草冰激凌，当客户买好冰激凌回到车里后，汽车竟然真的不能启动了！

工程师之后又跟客户约了三个晚上：第一晚，巧克力冰激凌，汽车没事；第二晚，草莓冰激凌，汽车也没事；第三晚，香草冰激凌，汽车无法启动！

工程师真的不相信自己看到的这一切！但他还是坚决不相信这位客户的汽车会

对香草冰激凌"过敏"。

于是他继续跟踪客户的行程，希望能够解决这个问题，他把影响汽车发动的各种可能要素都详细地记了下来：比如汽车使用油的种类、客户的操作习惯、出发时间、汽车行驶速度、汽车停留时间、离开时间……

经过一条条排查，最终他发现了一个重要线索：因为冰激凌店的香草冰激凌很受欢迎，故分箱摆在货架前面，客人很容易取到，所以客户购买香草冰激凌所花的时间比买其他冰激凌所花的时间要短。

这个线索找到后，通用汽车公司的工程师很快就发现了真实的原因：由于客户购买其他冰激凌所花时间较长，发动机有足够的时间散热，重新启动时就没有太大的问题。但在购买香草冰激凌时，由于所花的时间较短，发动机太热以至于无法让"蒸汽锁"[5]有足够的散热时间。

5. 寻找关键驱动因素：头脑风暴法

——案　　例——

某一家高端酒店要参加某项国际标准的酒店等级评选，其中有一项是"第三方陌生人打分"，目标是得分至少要在60分以上，但问题是大家都不知道对方的标准（问同行酒店也没有答案），很是苦恼！

这时一位员工突然说："如果是你来打分，你会定什么样的标准？"

一语惊醒梦中人，于是大家赶快动起手来，自己定标准，并按标准严格执行，中间还自己扮演"第三方陌生人"打分进行检查。

最后，他们在这一项评选中得了80分，而且酒店也获得此项业内认同的最高荣誉奖项！

---

[5] 故事中的"蒸汽锁"（Vapour Lock），在汽车故障检修中不是具体的实物，而是汽车上使用的一种液体，如汽油、制动液等被过度加热后，在密闭管路中液体之间会出现积存一段空气的现象，称为"气阻"。当汽车的供油系统发生气阻时，供油系统的燃油就会断断续续，汽车会因此而启动不了或者在行驶过程中出现发动机熄火。

前面我们介绍了寻找关键驱动因素的模型法、流程法、要素分解法，如果这些方法都不能用时怎么办？此时，还可以运用头脑风暴法，集思广益，竭尽全力去寻找关键驱动因素，探索问题可能的原因。

头脑风暴法（Brain Storming），由亚历克斯·奥斯本首创。奥斯本很早就发现，现实中存在两种人：一种人善于提出设想，另一种人则擅长批评分析。如果让这两者同处一室，很容易产生矛盾，爱提设想者会变得压抑；若将这两种人在时间上错开，则有利于产生更多的创造设想，于是头脑风暴法由此诞生。

头脑风暴法是一种激发集体智慧和提出创新设想的思维方法。它分五个步骤：准备、热身、明确问题、畅想、筛选。

头脑风暴的目的是做加法，即使这个想法本身没意义，但也可能启发到其他人。在最关键的畅想阶段，管理者需要遵循以下四条原则：①自由畅想原则；②延迟批判原则；③结合改善原则；④谋求数量原则。

管理者在这一阶段要鼓励员工多想、多说。

三、明确问题突破点：5WHY 分析法及帕累托分析法

找到问题的关键驱动因素后，接下来就需要明确问题的突破点。日常工作中常用的方法主要有 5WHY 分析法以及帕累托分析法。

1. 5WHY 分析法

5WHY 分析法，又称"5 问法"，是对一个问题点连续以 5 个"为什么"来发问，以追究其深层次的原因，像"剥洋葱"一样，层层分解，追根溯源，顺藤摸瓜，找出原有问题的根本原因。当然，5WHY 分析法使用时，并不限定使用者只做"5 次为什么的探讨"，而是根据实际需要去做。

丰田公司前副社长，也是丰田生产方式的创始人大野耐一曾举例子运用这个方法找出机器停机背后的深层次原因：某台机器突然不运转了，那就沿着这条线索进

行系列的追问：

问："机器为什么不转了？"

答："因为超负荷，致使保险丝熔断。"

问："为什么会超负荷？"

答："因为轴承不够润滑。"

问："为什么轴承不够润滑？"

答："因为油泵吸不上来润滑油。"

问："为什么油泵吸不上来润滑油？"

答："因为油泵产生了严重磨损。"

问："为什么油泵会产生严重磨损？"

答："因为油泵未装过滤器而使杂质混入。"

经过不停地追问"为什么"，找到了问题的真正原因和解决方法：在油泵上加装过滤网。

虽然机器停止运转，员工很快就知道是因为保险丝熔断了，但如果不追根究底的话，很难发现根本问题。

这里再讲一个运用"5WHY"分析法明确问题突破点的故事。

——案　　例——

美国首都华盛顿有一座非常有名的建筑物，叫杰斐逊纪念堂，是为纪念美国第三任总统而建，在当地是非常著名的旅游景点。

该纪念堂曾经遇到过一个重大问题：白色大理石墙体发生斑驳、裂纹，甚至脱落，严重影响了整座建筑物的安全和美观。

如何解决这一重大问题呢？

专家们对这一问题进行研究，经过各种要素分析初步得出结论：清洁剂对墙体是有害的，清洗人理石墙体的频率与大理石墙体脱落的程度正相关，清洗大理石墙体的频率越高，墙体脱落的程度也就越大。

专家们因此建议，减少对大理石墙体的清洗次数，这样就可以确保建筑物的安全。但这一结论带来的问题就是：如果减少或停止对大理石墙体清洗，那么白色大理石会变得非常脏，严重影响建筑物的美观。

于是，专家们继续分析：

问：为什么需要频频清洗墙体？

答：因为建筑物顶部经常积满鸟粪。

问：为什么建筑物顶部经常积满鸟粪？

答：因为杰斐逊纪念堂顶部有大量的蜘蛛，蜘蛛吸引了大量的燕子前来觅食筑巢，从而留下了许多鸟粪。

问：为什么会有大量的蜘蛛？

答：因为建筑物顶部有许多小虫子，而这种小虫子恰恰是蜘蛛最喜欢的食物。

问：为什么纪念堂顶部会有这种虫子？

答：因为纪念堂顶部上面开着窗户，阳光会从窗口射入，这些小虫子除了喜欢灰垢外，更喜欢阳光，因此它们集居顶部，并在阳光下极速繁衍。

当问题解答至此时，专家们终于找到问题背后最深层的原因了，并提出最终的解决方案：把纪念堂顶层的窗户关上！

2. 帕累托分析法

帕累托分析法是以意大利经济学家维尔弗雷多·帕累托名字命名。帕累托于1906年提出了著名的关于意大利社会财富分配的研究结论：20％的人口掌握了80％的社会财富，因此该法则又被称为80/20法则或者八二定律。后来这一法则也被运用到商业领域，比如，项目中80％的收益可能来自20％的人的工作努力；20％的产品或服务创造了80％的利润；等等。

下面让我们来看一个运用帕累托分析法的案例。

——案　　例——

某玩具厂商最近接到客户投诉，退货事件急剧增多，公司管理层要求客户服务部门快速分析原因，并提出解决方案。客户服务部门开始调查分析每一项客户投诉，并运用要素分解法，将问题、可能的原因以及对应的投诉数量进行分类列表，如表5-1所示。

表 5-1 客户投诉问题、原因及投诉数量分类表

问题序号	问题	原因	投诉数量
1	配送地址错误	物流部门出错	3
2	配送包装破损	物流部门出错	2
3	玩具零件大小不一，不标准	生产机器错误	5
4	玩具零件着色不均	生产机器错误	4
5	玩具包装封面与玩具不符	操作员出错	14
6	玩具说明书丢失	操作员出错	16

从表里，我们可以清晰地发现，因操作员出错而引起的客户投诉比重是最大的，按照帕累托分析法，这就是问题的关键突破点。在此基础上，我们还可以用"5WHY"分析法继续追问。当然，还可以绘制视觉图表，直观形象地把问题的根源呈现出来，如图 5-5 所示。

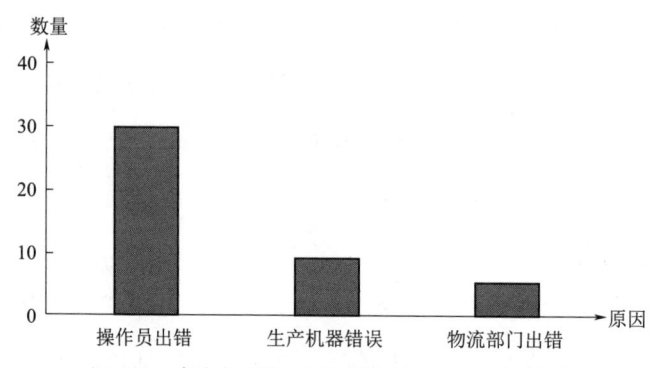

图 5-5 客户投诉问题原因及投诉数量视觉图表

所以，找到问题的关键驱动因素，运用方法明确问题的突破口，管理者就可以透过重重迷雾，追本溯源。

四、选择解决方案及制订行动计划

1. 问题有一个，方法却有千万条

许多人会有一个思维的误区：问题有一个，解决问题的方法自然也就只有一个。

而事实恰恰相反，条条道路通罗马，解决问题的方法有多种，它们只有优劣之分，而没有对错之别。

解决问题需要不断调整思维模式：正向思维不行，就改为侧向思维；侧向思维不行，就改用逆向思维；当思维方向不断转换时，也许更多好的思路和答案就出现了。

举个例子：在不倒出水的条件下，如何清空杯子里的水？

按照问题分析解决五步法，寻找关键驱动因素是关键，根据日常的经验，我们会选用要素分解法，把水按要素分解，可以分固体、液体、气体。针对不同状态的水的解决方案就会不一样，如图5-6所示。

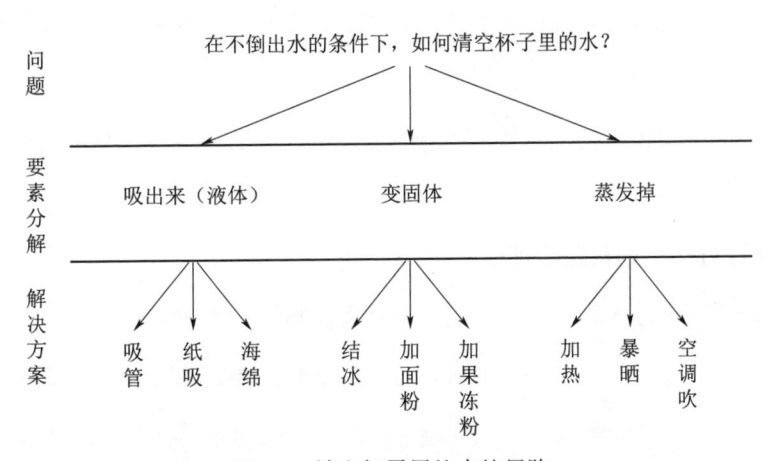

图5-6　清空杯子里的水的思路

2. 方案决策

如上所讲，一个问题有多种解决方案，那到底要选哪个作为最后的解决方案呢？此时就需要管理者进行评价与决策。

一般来说，当人们进行评价与决策时，主要会从以下几个维度考虑：可行性、质量、成本、效益（价值）、团队能力等。

这时，管理者可以运用矩阵分析法来更好地梳理信息并做出决策。

最常见最简单的矩阵是两行两列式矩阵，会直观的呈现四种可能的结果。

比如，管理者可以选取效益（价值）、成本这两个比较关键的维度进行需求优先级的判定，如图 5-7 所示。

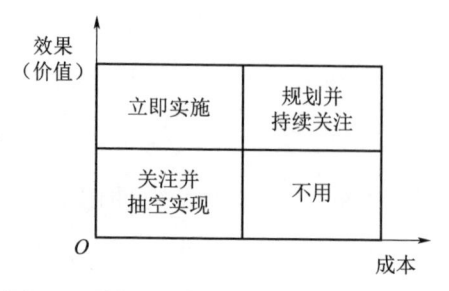

图 5-7　需求的优先级判定：价值成本模型

运用价值成本模型，可以快速帮助管理者明确哪些解决方案是可以立即实施的，哪些解决方案是可以规划并持续关注的，哪些解决方案是不采用的，而哪些方案是可以关注并在未来抽空实现的。

所以，如果管理者面临多因素影响选择时，可以详细参考决策矩阵[⑥]的具体方法运用。

3. 制订行动计划及跟踪评估

当明确了解决方案后，管理者接下来就需要制订具体、清晰、可操作的行动计划，确保计划有序发生。管理者在制订行动计划时，要关注以下几个要点：

第一，运用责任分配表，把人与事对应起来，做到人人有事做，事事有人跟。

第二，明确对每个计划的衡量标准（定性或定量）以及明确的时限，并有跟踪管理机制保证计划执行落地。跟踪方式包括定期跟踪和不定期跟踪。

第三，评估解决方案效果并标准化。通过评估解决方案的有效性，了解是否取得了最初预期的目标。如果取得了，成功经验是什么？有没有可复制的经验？可否在未来工作中做到标准化？

如果没有取得，原因是什么？还有没有改进的空间和机会？是否需要重新梳理

---

⑥　决策矩阵，也被称为网格分析，是由英国著名的管理学家斯图尔特·普提出的一种多因素辅助决策工具，也可以称之为普氏分析或者多因素辅助分析。

一遍解决问题的流程。下面，让我们通过一个案例来理解。

——案　　例——

某个连锁餐饮集团，曾对旗下众多门店重点考核客户满意度指标，但在执行过程中发生的一切却让公司预料不到。

各门店为了提升客户满意度，采取了很多措施，如客户用完餐送水果和甜点，客户对菜品不满意就更换或者加菜，还增加儿童娱乐设施来提升亲子家庭满意度等。

但问题是，带来客户满意度的同时却降低了门店的翻台率（因为顾客在门店等待时间变长），而翻台率才是餐饮门店收入的关键！所以，门店在进行了一段时间提升满意度的活动后，反而出现了利润严重下滑。

所以，对于餐饮门店来说，利于提升翻台率的客户满意度方案才是真正解决问题的关键。

经过改进后，该餐饮集团采用了一种方法：顾客到店点完餐后，放了一个15分钟的沙漏，15分钟如上不齐所有餐品，则给客户赔偿！这个方案不仅提高了翻台率，而且客户也非常满意，是真正提升组织效能的有效解决方案。

五、现场问题分析看板：DMAIC 工具的运用

在前面四节内容中，我们介绍了问题分析解决的五个步骤，这一节我们来介绍 DMAIC 工具的运用，该工具目前常用于生产制造企业的问题分析解决。

DMAIC 工具源于六西格玛（6 Sigma）管理，是一种管理策略，最早由在摩托罗拉任职的工程师比尔·史密斯（Bill Smith）于 1986 年提出。这种策略主要强调制订极高的目标、收集数据以及分析结果，以减少产品和服务的缺陷。

六西格玛管理的实质是对过程的持续改进，是一种持续改进的方法论。

一个企业要想达到六西格玛标准，那么它的出错率不能超过百万分之 3.4。

六西格玛管理对于现有过程改进的常用方法就是 DMAIC 工具（定义 Define、测量 Measure、分析 Analyze、改进 Improve、控制 Control）。其中，

D（Define）：找准要解决的问题，制订 DMAIC 任务书。

M（Measure）：是六西格玛管理分析的基础，对关键质量指标进行测量，符合 SMART 法则。

A（Analyze）：是运用多种统计方法找出存在问题的根本原因。

I（Improve）：是实现目标的关键步骤。

C（Control）：是将主要变量的偏差控制在许可范围。

DMAIC 也可以这么理解：对于解决复杂问题，定义（D）让你知道测量什么；测量（M）让你知道分析什么；分析（A）让你知道改进什么；改进（I）让你知道控制什么；控制（C）让你知道问题是否最终解决。

通过对 DMAIC 的介绍，大家有没有发现，其实 DMAIC 工具与问题分析解决五步骤非常相似，如图 5-8 所示。

DMAIC	问题分析五步法
定义 Define	①厘清问题
测量 Measure	
分析 Analyze	②寻找关键驱动因素 ③找到突破点
改进 Improve	④多样解决方案
控制 Control	⑤选择方案及行动

图 5-8　DMAIC 工具与问题分析五步法对应

在许多生产制造企业里，管理者把 DMAIC 这个工具看板化，让每个岗位的员工都关注于现有过程改进，并在早/晚会上训练员工们使用 DMAIC 工具并做案例分享，以全方位地提高组织的产品质量和运作标准。图 5-9 是生产制造企业 DMAIC 工具看板化的示例。

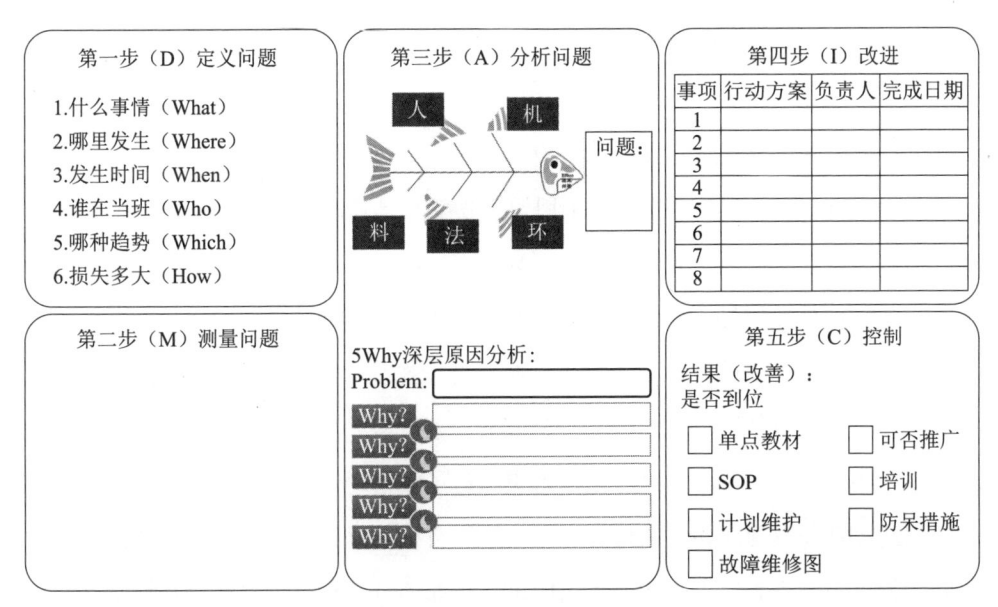

第五章 锦囊5：管理者的问题解决力

第一步（D）定义问题
1. 什么事情（What）
2. 哪里发生（Where）
3. 发生时间（When）
4. 谁在当班（Who）
5. 哪种趋势（Which）
6. 损失多大（How）

第二步（M）测量问题

第三步（A）分析问题

人 机
问题：
料 法 环

5Why深层原因分析：
Problem:
Why?
Why?
Why?
Why?
Why?

第四步（I）改进

事项	行动方案	负责人	完成日期
1			
2			
3			
4			
5			
6			
7			
8			

第五步（C）控制

结果（改善）：
是否到位
☐ 单点教材　　☐ 可否推广
☐ SOP　　　　☐ 培训
☐ 计划维护　　☐ 防呆措施
☐ 故障维修图

图 5-9　DMAIC 现场问题分析看板

> **思考题**
> 请管理者们试着运用 DMAIC 的思路解决工作中遇到的一个问题！

六、解决问题同时善于"修路"：好流程就是竞争力

1. 上工治未病

成语曲突徙薪见《汉书·霍光传》，节选如下：初，霍氏奢侈，茂陵徐生曰："霍氏必亡……臣闻客有过主人者，见其灶直突，旁有积薪。客谓主人：'更为曲突，远徙其薪；不者，且有火患！'主人嘿然不应。俄而家果失火，邻里共救之，幸而得息。于是杀牛置酒，谢其邻人，灼烂者在于上行，余各以功次坐，而不录言曲突者。人谓主人曰：'乡使听客人之言，不费牛酒，终亡火患。今论功而请宾，曲突徙薪亡恩泽，焦头烂额为上客邪？'主人乃寤而请之……"

这段故事翻译如下：话说有一个造访的客人，看到主人炉灶的烟囱是直的，旁边还堆积着柴草，便对他建议："重新造一个弯曲的烟囱，将柴草远远地迁移。不然的话，

会有火灾隐患。"他沉默不回应。不久，家里果然失火，邻居们一同来救火，幸好把火扑灭了。于是，他杀牛摆酒来感谢他的邻居。被火烧伤的那个人在上位，其他人以功劳大小依次就座，但是没有请讲"曲突"的人。有人对他说："当初如果你听了那位客人的话，就不会发生火灾，也就不用如此破费。"他这时才想到要去邀请那位客人。

《黄帝内经》里有个名句叫"上工治未病"，说的是最好的医生能在你的病症发作之前、在你还不知道自己会得病的时候，就把病给你治好了。

《上游思维：变被动为主动的高手思考法》这本书中讲了一个观点：以前，我们会觉得一个人有解决问题的能力，就很厉害了；但如果你能预测问题将会发生，并可以防患于未然，能未雨绸缪，那就更厉害了！

因此，管理者要想团队很好地交付结果，必须有意识建立和完善各项系统、制度、流程，不要等到问题发生了才去解决！正如李时珍在《本草纲目》里所讲：急则治其标，缓则治其本。

2. 好流程就是竞争力

流程是企业或组织为了给客户创造预期的价值成果，集合各种资源要素（人、机、料、法、环）而组织规划的一系列活动。企业业务要持续运行，就必须设计流程。《企业再造》作者迈克尔·哈默在其书中讲道："为客户创造价值的是流程，而不是哪个部门。"

好流程就是企业的一种竞争力，管理者要在解决问题的同时善于"修路"，发现日常操作运行流程中的优化和改善空间机会，进而提升效率，为客户创造更大的价值。

具体怎么做呢？可以将著名的"四化"管理法则作为指导原则：

①复杂的工作简单化；

②简单的工作标准化；

③标准化的工作流程化；

④流程化的工作工具化。

好的流程不一定会有好的结果，但不好的流程一定不会产生好的结果！有时流程出偏差，结果正确，只能算偶然情况。

我们常常说的 SOP（Standard Operating Procedure，标准作业程序）就是把流程和标准结合起来，并尽可能运用各种工具把结果呈现出来。表 5-2 就是以业务

第五章 锦囊 5：管理者的问题解决力

人员"零售门店拜访 SOP"及其运用的工具为例，确保每一位业务人员都按统一的标准和流程开展工作，确保每一位业务人员的动作执行到位。

表 5-2 销售门店拜访 SOP

步骤	标准	注意事项以及示例
第一步：计划	①当天工作重点；②当日拜访客户的基本情况；③公司本周期促销政策；④上周本条线路客户反馈问题的解决情况；⑤门店物料准备；⑥移动销售工具充电准备	数据及时、准确，有目标的 SMART
第二步：向客户打招呼	①与客户打招呼、寒暄；②了解上次拜访至今的生意状况；③公司产品情况咨询	礼貌用语，态度积极，精神饱满。示例：王总您好，我是××公司业务代表（业代人员）×××，今天过来拜访您主要是想了解一下公司产品的销售情况，能占用您 15 分钟的时间，聊一下吗
第三步：客户增值服务	①了解客户的合作条款，找到差距，确认执行方案；②收集竞品动态信息	掌握公司各渠道合作条款，熟悉移动销售工具的使用。示例：王总您好，根据我们的合作条款，今天我有以下几个内容需要与您进行核对与调整。我先去店里相关位置检查核对，然后再跟您聊
第四步：执行生动化	①冰柜生动化：冰柜清洁度、陈列标准、饱满度、价格标识、通电；②货架生动化：货架清洁、补货、标准化陈列、③其他陈列清洁，标准化陈列；④仓库整理：关注货品生产日期、是否破损、储存环境、先到期先出、位置易取、不被堆压；⑤库存盘点；⑥预估订单	了解掌握各类生动化用品的陈列标准，熟悉各类生动化用品的使用。示例：王总您好，我刚才对店里的合作产品进行了核对和整理，您需要做好保持和维护，以确保各条款合作达标，同时我也对库存做了盘点和记录
第五步：客户发展	①建议订单：常规补货/新品铺货/促销活动/签约保底量；②附加价值服务：协议签约/渠道活动/设备投放等；③处理异议	熟悉各类促销活动及相关合作条款要求及奖励，掌握相关话术。示例：王总您好，刚才对店里进行整理后，有些产品已断货，有些产品库存不多，我也算了一下我们本周的销售金额有 3 000 元左右，根据库存情况及节假日的到来，建议本周的订货如下，预计销售金额为 5 000 元，您确认一下
第六步：成交	①确认订单；②确认交付细节	客户的订单要满足今天设计的目标。示例：王总好，我们今天确定的订单，公司明天会安排送到，请注意查收，同时有些问题产品我也已经打包好，您记得退回
第七步：感谢客户	①与客户握手并感谢他为你带来的业务机会；②在现场询问是否还有其他需求；③告知下次拜访时间	无论拜访是否成功都要真诚感谢！示例：谢谢您的支持，如没其他事情，我就先走了，下周我同一时间再来拜访您
第八步：跟踪	①移动销售工具系统订单后续确认；②记录该客户反馈的需要解决的问题，进行汇总，并逐个解决/寻求帮助解决；③根据问题解决情况及分析情况制订下周拜访该客户需要跟进的重点	反馈及时性和寻找帮助

在各种 SOP 的设计上，最好的行为设计就是让对方一看即懂，不用思考与判断。

标准流程有很多好处，每一步该怎么办都非常清晰，每个经手人都知道自己该干什么。当然它的缺点就是不善于适应新的变化。

3. 流程创新也是一种创新

我们在讲到创新的时候，往往只看到了产品的创新，但事实上，流程也是可以带来竞争优势的，特别是在企业提供的是服务和效率的时候。

如果一家公司在流程的每一步比竞争对手多提高一点点效率，少犯一点点错误，那么顾客或消费者就会更喜欢选择这家公司的产品！

以下是企业里已运用的一些流程创新方法，用于提高效率、减少错误，供管理者们参考：

- 目视法：旅行团成员统一戴旅行帽，更容易识别。
- 强制法：高速路上的减速带，强制减速。
- 匹配法：SIM 卡缺角，以示方向。
- 复核法：设置密码要输入两次；空乘开机舱门交叉检查。
- 报警提示法：酒店房门未关警报；油表仅剩一格警报。
- 切断法：插门卡取电；插取式保险丝盒。
- ⋯⋯⋯⋯⋯

管理的过程是一个去艺术化的过程。艺术，靠的是艺术家的灵感，很难复制，所以艺术品都非常昂贵或者很难估值。经营企业靠的是效率和质量，好的流程和质量就是企业的竞争力！

七、固化、简化、优化工作流程

上一节我们谈到好的流程和质量就是竞争力，而且管理者要善于"修路"，在"修路"过程中有一个模型工具 ESEIA 分析法，可供管理者们参考和运用。

第五章　锦囊5：管理者的问题解决力

ESEIA（Eliminate、Simplify、Establish、Integrate、Automate）分析法，是由几个英文单词的首个字母组成，即由清除（E）、简化（S）、填补（E）、整合（I）、自动化（A）。其中清除（E）是指找出现有流程没有价值的活动，删减它；简化（S）是指对现有流程过程简化；填补（E）是指根据客户或管理的需要，增加一些能够创造价值的流程活动；整合（I）是指对现有流程进行整合，使其更加流畅，易于执行；自动化（A）是指可以运用IT技术实现人工智能，提高流程处理的速度与质量。

在日常工作中，管理者发挥流程的作用主要集中在以下三个方面，它们分别是：固化流程、简化流程、优化流程。

1. 固化流程

管理最终的目的是提高预期结果的概率，而标准化流程有助于提升这种概率。

因此对于一些标准化、规范性的工作，管理者可以运用固化流程的方法，确保员工按标准执行，以达到执行效果，提升效率的目的。比如，运用清单操作法。

清单操作法源自《清单革命》这本书，书中介绍了作者从医过程中遇到的大量危机和困难，揭示了"清单操作法"对于医生这一职业的重要性，也启发其他行业能够有更多思考，避免"无能之错"的发生。

比如，"一张小小的清单，让约翰·霍普金斯原本经常发生的中心静脉置管感染比例从11%下降到了0；15个月后，更避免了45起感染和8起死亡事故，为医院节省了200万美元的成本。"

这本书的整本思想就是：流程复杂的事就写个清单，可以防止犯错和遗漏。

事实上，清单是一种"强制思考工具"，是固化流程的有效方法。当运用清单时，你需要逐一检视清单中的每一项，并将其与标准指标进行核对。

管理者在固化流程时，可以思考如何把工作中的SOP用清单的形式体现出来，好处是：团队犯错概率要小、简单至上、权力下放、提高效率、更新迭代，以达到提高工作效率的目的。

2. 简化流程

在上一节，我们提到著名的"四化"管理法则：复杂的工作简单化、简单的工作标准化、标准化的工作流程化、流程的工作工具化。其中把复杂的工作简单化是关键的第一步。

然而，在实际工作中并没有那么理想，实际工作中的情形往往是：把简单的事情弄复杂很简单，而要把复杂的事情弄简单很复杂。其中，很重要的一个原因是每一个岗位，特别是那些支持服务（业务）部门的岗位都想在证明自己的岗位有价值，结果就是事情越做越多、流程越来越复杂、管控越来越严格！

如何在工作中让事情变得简单，把流程简化，值得每一位管理者深思！

——案　　例——

宝洁公司的前任总经理理查德·德普雷成功的最大秘诀就是"将事情简单化"。理查德·德普雷是一个做事雷厉风行的人，从他进入宝洁公司开始，就非常不喜欢超过一页的备忘录。

德普雷在管理宝洁公司时，他要求员工的报告在基于事实的同时，更要简单明了。在这种追求简单的理念之下，他逐渐形成了自己独有的一种习惯：不接受超过一页的备忘录，并且要求员工要不遗余力地将报告的精华浓缩到一页，把问题搞清楚，把事情讲透彻，最终形成了宝洁的风格：坚持只用一页便笺进行书面交流。

这种化复杂为简单的管理方式，有效保证了企业的办事效率与快捷。

古人云，大道至简。简洁意味着让你把有限的精力专注在最重要的事情上，回归事物的本质。

Uber（优步）创始人在讲为什么创办 Uber 时说："你只需要摁下一个键，别的什么也不用管，就会有一辆黑色的轿车停在你面前，把你接走。"这就是当时他们创办 Uber 最简单最朴素的理念。

美国威斯汀豪斯公司前任董事长唐纳德·C·伯纳姆是一位享有盛誉的管理专家。他在其著作《提高生产率》中提出了效率的三条原则，即在处理工作时，随时问自己三个问题：

第一，能不能取消它？（即随时审视其必要性与意义）

第二，能不能与别的工作合并？（有没有机会将有关联的碎片进行整合）

第三，能不能用更简便的东西代替？（以终为始，从目的出发，重新寻找更简单的达成路径）

通过这三个问题，每位管理者也可以理解为三个简化的管理方法：

第一，定时清理垃圾。

第二，及时整理归类。

第三，随时全局思考。

事实上，是否能将复杂的事物化繁为简，主要体现一个人对事物的认知水平上。简洁是终极的智慧。

——达·芬奇

3. 优化流程

这里给大家分享三个优化流程产生效益的故事。

第一个故事：运送囚犯

18世纪，英国政府将囚犯运往澳洲搞开发，把运输工作承包给了第三方，具体费用按上船时运的实际人数付费。船主为了牟取暴利严重超载，在收到英国政府的钱后，将船行驶一段距离，把囚犯扔进海里，船到港后，英国政府发现囚犯死亡率奇高。

鉴于囚犯的高死亡率，英国政府决定向每艘船派一名政府官员监督船长，并给其配备了当时最先进的手枪，同时还配备了医生，并对囚犯在船上的生活标准做了硬性规定。

这个措施在实施初期，船主的行为确实受到了遏制。但是，事情很快就发生了变化，他们利用金钱贿赂随行官员，并将不愿同流合污的官员进行迫害、甚至扔到大海里。

据说，当时有不少船上的监督官员和医生都不明不白地死亡。面对险恶的环境和金钱诱惑，随行官员大多选择了同流合污。于是，监督开始失效。

最后，英国政府决定优化流程，改变付款规则：不再派随船官员和医生，将上船时按人数付款，改为下船时按人数付款。很快，死亡率骤降到 1%。

第二个故事：分粥

从前，有七个人住在一起，每天共同享用一大桶粥。由于人多粥少，粥总是不够吃。

一开始，他们抓阄决定由谁来分粥，每天换一位。一星期下来，他们发现每个人只有在自己分粥的那一天可以吃饱。

他们觉得这个办法并不太好，于是决定推选出一位德高望重的人来分粥。但是，问题好像更严重了，大家开始想尽一切办法去讨好那个分粥的人，搞得整体环境不好。

后来，大家开始组成三人的分粥委员会和四人的评选委员会，但是他们经常争得不可开交，等到争完以后，粥吃到嘴里已经冷冰冰了。

最后，他们想出了一个绝妙的办法：七个人轮流分粥，但分粥的人要等其他人都挑完后，拿剩下的最后一碗。

结果，为了让自己不至于吃得最少，每个人都尽量分得平均，就算分得不平均后拿到少的，也只能认了。不过，他们对这种分法非常满意。

从那以后，这七个人一直快快乐乐、和和气气地生活在一起。

第三个故事：降落伞的合格率

二战期间，美国空军降落伞的合格率为 99.9%，这就意味着从概率上来说，每一千个跳伞的士兵中会有一个因为降落伞不合格而丧命。于是，他们要求厂家必须让合格率达到 100% 才行。厂家负责人说他们竭尽全力了，99.9% 已是极限，除非出现奇迹。

后来，他们改变了检查制度，每次交货前从降落伞中随机挑出几个，让厂家负责人跳伞检测。

结果，奇迹出现了，降落伞的合格率竟达到了百分之百。

思考题

各位管理者们，固化、简化、优化流程可以带来效益，可以让你的团队更好地交付结果。想一想，你的工作中都有哪些流程是可以固化、简化、优化的？

第六章
锦囊6：创新的秘密

一、认知是因,创新是果

1. 创新的本质

创新(Innovation),在英文解释中,这个词起源于拉丁语,有以下三层含义:更新;创造新的东西;改变。

具体来讲,创新是指以提出有别于常规或常人思路的见解为导向,利用现有的知识和资源,在特定的环境中,本着满足需求为目的,改进或创造新的事物(包括但不限于各种方法、元素、流程、路径、环境等),并能获得一定效益的行为。

经济学家熊彼得在1912年出版的《经济发展概论》中也曾提出:创新是指企业对生产要素的新组合。它界定了创新的五种形式:①引入一种新产品或提供一种产品;②采用一种新的生产方法;③开辟一个新的市场;④获得一种新的原料或半成品的新的供应来源;⑤采用一种新的企业组织形式。

提到创新,笔者曾看过一本由哈佛商学院教授克莱顿·克里斯坦森编写的《创新者的窘境》,克莱顿·克里斯坦森教授在书中提出了这样一个问题:为什么颠覆性的创新都不发生在行业的前三名?

他的结论是:那些推动它们发展成为行业龙头企业的管理方法和"官僚"体系,同时也在严重阻碍它们发展破坏性技术。

克里斯坦森教授解释道:市场里存在两种技术,即延续性技术和破坏性技术。对于那些管理良好的大企业来说,延续性技术是其优势,它们可以把技术发挥得更强!然而对于破坏性技术,它们却常常因为路径依赖、增长需求及客户需求而忽略掉;同时,在大企业的"官僚"体系里,那些所谓良好的管理机制与流程,正是阻碍它们开发破坏性技术的强大力量,因为对于各级职业经理人来说,最重要的事就是在其任期内做到尽量不出错,此时是不会有人愿意冒风险去尝试这些破坏性技术的。

第六章 锦囊6：创新的秘密

克里斯坦森教授感叹道：面对新技术和新市场，导致失败的恰恰是完美无瑕的管理！

纵观过去二三十年，类似的故事层出不穷，从柯达胶卷最早发明的数码相机到"诺基亚时刻"（所谓诺基亚时刻，是指在功能机时代的诺基亚手机曾经以39%市场份额稳居世界第一，但以苹果为代表的智能机时代出现后，仅短短4~5年后，就彻底颠覆以诺基亚手机为代表的功能机时代），再到下面日本夏普公司的故事，无不在印证着克里斯坦森教授的话。

20世纪初，日本人开始不穿传统和服，改穿西装，于是皮带头的需求剧增。夏普公司的创始人，19岁的早川德次，通过生产自己发明的皮带头赚到了第一桶金，创立了夏普公司。

夏普曾经有着非常辉煌的战绩：自动铅笔、收音机、电视机、微波炉、笔记本电脑。其中最值得一提的是，夏普公司在液晶显示技术上，不仅是首创者，也曾一直领先世界。

夏普公司年销售额最辉煌的时候曾达到2 400亿人民币。然而，到了2012年左右，也正好是公司创立100周年时，夏普公司的发展趋势突然发生转变，出现巨额的亏损。

原因有非常多，据曾研究过夏普公司历史的日本学者近藤大介说，造成该公司亏损的主要问题是：逃避责任。

1980年，创始人早川德次去世时留下遗嘱："我希望夏普能够不断开发出让竞争对手争相模仿的商品。"然而，继任的夏普管理层的策略却变成了另一个目标"以独一无二为目标"，这看起来似乎很正确，但是背后的潜台词是什么呢？即，我们不能冒风险去干那些别人能够轻易模仿的事，要专攻那些最尖端的技术，沿着现在的技术路线一路狂奔，确保别人追不上。

然而，在快速变化的市场情况下，一旦技术路线走错了，根本就没有回头的机会。

混沌学园创始人李善友教授编写的《第二曲线创新》中，提出一个概念：认知是因，创新是果，认知先于创新。

他认为所有事物的边界是由认知决定的，当我们要打破事物的边界时，最重要的是打破认知，认知有多深，创新的边界就有多宽，创新就是更有广度、深度地观察和思考世界。

2. 认知是因，创新是果

先来看一段天文学史上的有趣故事。

第谷·布拉赫（1546年—1601年），丹麦人，是最后一位用肉眼观测天象的天文学家。第谷·布拉赫对于天文学，做出了巨大的贡献。1572年11月11日，他看见仙后座有一颗新的恒星，后被称为"第谷超新星"。

第谷经过多年的观测，拥有大量极为精确的天文观测资料。然而遗憾的是，第谷的宇宙观却是错误的（从今天来看）。他一直坚信，所有行星都绕太阳运动，而太阳率领众行星绕地球运动。其理论体系本质上还是属于地心说。

第谷有位学生，叫约翰尼斯·开普勒。他并不认同老师的地心说理论，而是支持哥白尼所说提出的日心说。

在第谷病逝后，开普勒依据第谷留下来的大量天文学观测数据，经过对这些数据进行仔细分析和计算，建立数学模型，并用这些数据来检验，最终提出了著名的开普勒三大定律：

第一定律：所有行星都在椭圆轨道上绕太阳旋转，太阳位于椭圆的一个焦点上。

第二定律：行星绕太阳运动时，在相同时间间隔内，行星和太阳的连线扫过的面积相等。

第三定律：行星绕太阳运行周期的平方与它们的轨道椭圆半长轴的立方成正比。

这为日心说打下更坚实的科学基础。

看完这个故事，你大概就能理解"认知是因，创新是果"这句话的含义了，没有认知层面的提升，很难有创新的果。

200多年前英国工业大革命时，钢铁产量增加，当时英国有一个著名的企业家叫约翰·威尔金森，他说可以用铁来造桥，人们觉得没有问题；后来他又说用铁来造船，人们都觉得他疯了。因为在1750年那个时代，人们的认知是，比水重的东西是无法浮在水上的，所以当他提出用铁来造船时，99%的人都认为这是不可能的。

然而，1787年，威尔金森运用阿基米德原理，真的建造了世界上第一座长21米的铁船，并在伦敦泰晤士河上航行。

这也说明了：认知在先，创新在后！

3．管理者如何做好自我认知升级

在第一章中，我们提到个体认知的四个层次，即感性认知，模型思考，演绎思维，觉醒智慧。

多年的工作经验告诉我，当管理者能以全新开放的角度审视自己和观察世界时，许多问题就会柳暗花明、豁然开朗。

管理者做好自我认知升级，可以参考以下三点：

（1）通过阅读与阅历增强选择能力。

关于这个部分，大家可参阅笔者的第一本书《高效员工管理：写给管理者的6个锦囊》（第一章第十节）。

这里特别强调一点，在这个短视频为王的流量时代，建议管理者还是要多阅读纸质书籍。短视频里有很多声音、动画等信息，时间短但信息碎片化。相反，纸质书籍系统性强，我们可以更专注地提取有效信息，并在信息中思考，养成独立思考的习惯。

（2）掌握一定的逻辑学常识。

不知管理者朋友们有没有发现，认知层次的每次迭代升级背后其实都有逻辑学的影子：从感性认知到模型思考，是逻辑的归纳原理在起作用；从模型思考到演绎思维，背后是逻辑的演绎法；从演绎思维到觉醒智慧，其实是第一性原理，即看清人生真正的意义。

当管理者具备一定的逻辑知识时,其认知层次会上升,思维方式也会不同。

(3) 经常重新审视原有的人生观和价值观。

不要被固有的观念所禁锢,时不时让我们的大脑做做"意义换框"的思想体操实验,会帮助我们重新审视原有的人生观和价值观。

此时,你会发现人生无所谓什么"必须",更没有统一的评价标准,世界并没有绝对正确或者标准答案;人不是只有一种生活方式,每个人都可以做最好的自己,唯一需要的就是敢于改变的勇气。

在企业里,创新大约可分为产品创新、技术创新、模式创新这三种。不管哪种创新其实都是一种"改变",是在对事物更深入的思考后,对过去及现在做法的更新,并在特定环境中通过改进或创造有别于过去的新方式来实现价值增值的实践过程。

对于管理者而言,不要只执念于创新的方法和工具,提升自我的认知层次才是创新思维的底层逻辑。

国内知名学者王东岳先生曾说:"有效的学习必须是以提升认知层面为目的,要不然就是永远在同一认知通道得到更多信息而已。"

认知层面高的人定义概念(由演绎而来),认知层面略低的人延伸概念(由模型而来),认知层面最低的人只能听到概念(由感性认知而来)。

管理者要想更好地交付结果,就必须不断提升自我认知,方能对各种问题应对自如并灵活处理,方能有机会改变与做些不一样的事情(创新)!

二、创新三步曲:需求、突破、行动

——案　　例——

1929年,瑞士的鲁本·罗辛与伙伴阿克兰德以两人的名字命名创办了阿克兰德与罗辛公司,生产的产品是帮助小商贩们用来装面粉、麦子和玉米粒等的食品袋,

第六章 锦囊6：创新的秘密

一开始阿克兰德与罗辛公司只能算得上是纸袋厂，这便是利乐包装的前身。

随着大量的农民从农村走向城镇，人们对于牛奶和果汁的需求量大增，然而，当时并没有一个很完美的包装以解决长期运输和保存新鲜的牛奶和果汁。

鲁本·罗辛发现了这个问题，就想如果能设计一次性的纸盒包装，既能保鲜，又能降低成本，还能方便携带销量会不会更可观？

于是，鲁本·罗辛开始构思，同时一次又一次地自我推翻，在工程师瓦伦贝格的帮助下，他的大胆设想成了现实：在纸包装盒里加入一层塑料薄膜的包装纸，让牛奶/果汁的包装更为简单且防水，而且成本也不高。

1944年，鲁本·罗辛将此设计申请了专利，并取名为"正四面体"，这就是如今利乐包装的原型。

后来，鲁本·罗辛就想如果可以有一条完美的纸包装盒饮料灌装生产线，那才能真正打动饮料商。为此，他又花了6年的时间，解决了如何通过机器在盒子里灌装牛奶/果汁，如何控制机器加多少牛奶/果汁，如何封口等问题，即现在的流水线。经过不断的打磨，1951年，鲁本·罗辛终于研究出无菌加工及包装技术。

利乐包装的故事，完美地呈现了创新过程的三步曲：需求、突破、行动。

1. 创新源自需求

如果我们用一个公式来表达创新需求的话，大约是这样的：需求＝欲望－现实。

一般来说，新的工艺、新的技术是受欢迎的，因为这些新东西能让我们把事情做得更好、更快。比如在出现手机支付之前，人们交易的认知都是现金、银行卡、支票支付等形式。但随着智能手机扫码支付这一形式的出现，收付款绝大多数都已不使用现金，同时解决了"付款慢""害怕遇到假币""不用找零钱"等问题。

各位管理者平时可以做一些"思想体操实验"，锻炼自己发现需求的可能。比如把自己作为用户，细心去观察某个产品，看看这个产品在哪些地方没有满足你的需求，从这些思考中找到一些创新的机会。有用户痛点就意味着有需求，有需求就意味着有商机。

2013年，有一部电影《中国合伙人》，讲述了三位大学生的创业故事。在印度，2018年拍了一部电影叫作《印度合伙人》，该片根据印度企业家阿鲁纳恰拉姆·穆鲁加南萨姆的真实事迹改编。故事讲述的是主人公发现了女士卫生巾的需求，然后努力去研究和琢磨，最终发明了性价比较高的卫生巾生产机，不仅帮助农村妇女改变了卫生观念，提高了卫生质量，同时自己也收获了价值。

企业里创新的需求机会点可以分三类：

第一类，从供给来看，创新机会点在于新技术的出现，比如新能源、数字化等。

第二类，从需求来看，创新机会点在于新市场、新需求的出现。

第三类，从供给与需求的连接来看，创新机会点在于新渠道、新供应链和新商业模式的出现。

供给、需求以及两者的连接，其实就是电商领域的"人""货""场"。"货"就是卖家，即供给；"人"就是买家，即需求；而"场"就是提供的平台。

当从这三方面来看企业的创新时，我们会发现：在历史的每一个转角处，都藏着后来者弯道超车的机会！

在一个自由竞争的行业中，成熟的行业最终都会走向集中。

十几年前，家电行业百花齐放时，新飞冰箱广告做得好，美菱冰箱保鲜做得好，还有小天鹅洗衣机，荣事达洗衣机，澳柯玛冰柜等。今天，家电品牌在大众的视野里多为海尔、美的、格力。

美国汽车行业巅峰时有200多个厂家，现在以福特和通用为主。

在一个成熟的行业，最终存活下来的企业不会超过三个，而能否成为最后存活下来的那三个，它们的各种创新（产品创新、技术创新、工艺创新、管理创新等）能力显得尤为重要！

2. 突破固有框框

当找到了需求后，接下来要做的事情就是突破，而且是突破固有框框，就如同前面利乐包装故事里的鲁本·罗辛一样，突破只能用玻璃盛装液体的思维框框，思考如何用纸盒也能盛装液体。

笛卡尔曾经说过："要想追求真理，我们必须在一生中尽可能地把所有事物都来怀疑一次。"意思就是期望人们能善于怀疑，勤于思考。

如何突破固有框框，主要有以下三种方法：

方法一：突破经验设限

经验是好东西，但经验有时会禁锢你的思维。你对一个行业了解越深，经验越丰富，这些经验会成为你牢牢不可放手的执念，有时可以帮助你快速解决棘手的问题，但有时也会告诉你，如果照着原有的方案来做，会错失改善和创新的机会。

人性是有弱点的，天生就缺乏安全感，用过去的经验解决问题是获取安全感的一种本能，因为大脑会告诉你，这样成功的概率会比较高。但很遗憾，商业领域的发展往往是非线性的、是断点的。过去的成功不代表未来一定会成功，所以不要总是站在自己的过去看问题。

方法二：勇于挑战权威

借助专家的知识，可以帮助我们快速知晓某个领域的"风景"。但不要盲目信奉权威，要保持独立思考的能力，辩证地看待问题。

方法三：突破惯性思维

人之所以有惯性思维，是因为沿着固有的方式思考，是一种最节约能量的思考方式。

——案　　例——

古时，某都城的城墙在大雨中崩塌，一块巨石滚下来挡在大路中间。听说，第二天皇上要出城。官员们四处寻找力工，要他们把石头搬走，但因雨后道路泥泞松软，巨石又大不易搬走。时间眼看就要到了，要是皇上怪罪下来怎么办？此时，有人想出了一个办法解决了这个问题：在石头旁边挖一个大坑，把石头埋进去，再让人分批把泥运走。

人们常常局限于用最先也是最直接想到的办法来解决问题，然而有时这个办法未必是最好的，所以，突破惯性思维，换个角度看问题，也许会带来意想不到的解决方案。

3. 行动创造价值

——案　　例——

联邦快递创始人弗雷德·史密斯在 2022 年 6 月刚刚卸任 CEO 职位，他是国际航空物流的传奇人物。他当年上大学时，写了一篇关于物流改革的论文，通过研究分析美国的运输体系，设想用货运飞机来运输包裹以提高时效，为客户提供更高效、快捷的运输服务，并且应该在孟菲斯建立一个核心中心站，把所有要送的快件用飞机全都先送到孟菲斯，然后再从孟菲斯分发到美国各地，这样才能实现次日达。

这篇论文交上去后被导师斥责，导师说这实在是太傻了，从华盛顿到纽约，你不直接送，非要先送到孟菲斯，然后再从孟菲斯送到纽约，这不是太奇怪了吗？所以导师给了他一个特别差的成绩。

1971 年，27 岁的弗雷德·史密斯开始真正实施"次日送达"服务的创业梦想，并用论文的思路作为指导文件建立联邦快递公司，因为他发现看起来是绕路了，但实际上大大降低了运营的成本。

他把"次日送达"作为联邦快递的一个非常重要的广告语。慢慢地，消费者一想到次日送达，就能想到联邦快递。

1978 年，联邦快递正式上市，一跃成为全球航空货运公司的"领头羊"。

当发现需求与痛点，并找到突破口后，千万别忘了撸起袖子开始行动，不然想法永远停留在想法。

同时，在行动过程中不断打磨创新的想法，在技术上不断地完善，不断地进步，直至完全满足市场用户的需求，最终建立自己的护城河。

4. 创新一定需要高科技吗？

今天在数字化浪潮的影响下，许多人会有一个误解，以为只有懂得或掌握高科技才能够创新。

其实不然，有高科技支持当然是好事，但高科技不是必要条件，认知或者思想观念的改变才是首要条件！

比如，海底捞最大的特色不是火锅好吃，而是它的服务让人耳目一新，这也是它当年的创新点。而这个创新点与高科技无关。

爱因斯坦说得好："粉碎原子比改变观念容易得多！"让我们来看下面这个故事。

现代产科消毒法倡导者之一塞麦尔维斯是匈牙利的一名产科医师。1818年7月1日他出生于多瑙河东岸一个叫奥芬（Ofen）的小镇。1844年，26岁的塞麦尔维斯获得医学博士学位，并进入医学院学习妇产科知识。

1847年，塞麦尔维斯进入维也纳大学医学院的附属医院担任产科医师。而当时医院的妇产科由两个规模差不多大的病房组成，平均每个病房每年都能接生大约3 500名新生儿，它们的区别在于第一病房由妇产科医师和医学院的学生负责接生；而第二病房则由助产士接生。

按说在第一病房分娩会更安全，但是当时的统计数据却显示，在1840—1846年间，第一病房接收的两万名产妇中，死于产褥热的竟然接近2 000人；而第二病房接收的不足两万名产妇中死于产褥热的还不到700人，巨大的数据差异令人费解！

塞麦尔韦斯敏锐地觉察到第一诊所产妇死亡率高的原因是感染，而最简单的防治方法是洗手，理由是产科医师和医学生可以随意进出搁置产褥热死者的停尸房，而助产士则不允许对死者进行检查，更不能参加尸体解剖，所以第一病房的医师及医学生很容易将尸体上的产褥热病原菌传染给健康的产妇，相比之下，助产士则没有这种可能。

塞麦尔维斯经过认真观察和分析得出了上述结论，并据此要求不论医师还是医学生在进入产房前必须先用含氯消毒剂洗手，还对医院里所有的医疗器械进行彻底消毒。

此后的一年，第一病房的产褥热发病率降到了创纪录的1.2%，这一数据有力地证实了塞麦尔维斯判断的准确性。

但是塞麦尔维斯的观点触动了某些人的尊严，遭到了一些权威人士的反对，其中包括其导师，最终在 1849 年的 3 月，塞麦尔维斯被逐出医院，面对漠视、奚落加上自卑，塞麦尔维斯离开维也纳，回到自己的故乡匈牙利继续从医。

1885 年塞麦尔维斯担任布达佩斯大学的产科学教授，借助这一职位，塞麦尔维斯推广普及了自己的消毒方法，使更多的产妇得以幸免产褥热。1861 年，塞麦尔维斯将自己 17 年来研究产褥热的成果以观察报告的形式，出版了《产褥热的病原、实质和预防》一书，这是塞麦尔维斯唯一的论文，也是一部公认的医学史上的经典著作！

为了纪念他在人类攻克产褥热的斗争中所作出的卓越贡献，人们赠予他一个至高无上的荣誉称号——"母亲的救星"！

三、创新方法 1：透过现象看本质——特斯拉电池故事

——案　　例——

埃隆·马斯克是当代全球科技界的超级"偶像"，其参与创办的特斯拉公司是世界新能源汽车的"领头羊"。在 19 世纪，"电学的先驱"尼古拉·特斯拉曾放弃了交流电的专利权并且将专利永久免费带给全社会。而埃隆·马斯克也开放特斯拉电动车相关专利以"致敬前辈"。

埃隆·马斯克曾发现电动车无法普及的原因是电池太贵了，电池组件成本要 600 美元/千瓦时，他是怎么解决这个问题的？

他说，不管现在的电池有多贵，都应回到本质问一个问题，电池的硬成本是由什么构成的？无论如何也降不了的成本是什么？无非就是铁、镍、铜、铝、锡这些金属，除了买这些金属的成本是绝对降不下去的，剩下来的成本就在是生产流程、产地、供应链等人类协作过程中产生的，那就继续优化。比如，在美国生产电流可

第六章 锦囊6：创新的秘密

能税费比较高，那就不要在美国生产；某个技术路线比较昂贵，那随着它的大规模普及应用，这个价格就能降下来；某种模块设计本身出了问题，那就改变设计。

后来，马斯克终于把电池的价格降下来了，不仅续航能力得到提高，电池组件成本也降到80美元/千瓦时。

找到事情的本质，是创新的第一条有效法则。

市场营销学里有一句经典的话，是哈佛大学教授泰德·莱维特所说："人们不需要一个半英寸的钻头，他们要半英寸的洞。"

类似的话还有，"没有人真的想要冰箱，人们真正想要的是储存在冰箱里的食品。"其实人们对于商品或服务并不感兴趣，他们只对该商品或者服务所带来的价值感兴趣。

任何事物都有表象和本质之分，只有看透事物的本质后，方能掌控这个事物。当理解这一点后，从本质出发时，就可以找到许多创新思路。

在本书第五章第四节的图5-6中，水如何通过液体、固体、气体形式被清空。

当本质找到后，就会有许多的创新方法：比如用吸管、用纸吸、用海绵；结冰、加面粉、加果冻粉；加热、暴晒、空调吹……

——案　　例——

太阳马戏团是1984年在加拿大魁北克省由街头艺人创办的。在太阳马戏团诞生之前，马戏产业其实已是夕阳产业、行将就木。那时候，电影、电视等丰富的娱乐方式将马戏演出排挤到一个被人们遗忘的角落，马戏传统的大棚、小丑、动物、逗乐等元素也因为百年不变的形式面临着被淘汰的威胁。

然而太阳马戏团在不到20年的时间里，却超过了全球马戏大王——玲玲马戏团经过100多年的努力才取得的成就，并成为当时世界发展最快、收益最高、最受欢迎的文艺团体。

太阳马戏团当时是怎么通过创新使得传统马戏赢得了新生的动力呢？

其最重要的一点就是太阳马戏团找到了马戏团的本质，而做出许多不一样的创新！

他们认为马戏不仅是父母陪孩子来增加童年甜蜜的形式，也应是情侣留下美好时光的最好场所。它是一种社交场所及平台，就和去电影院里看电影是一样的。其竞争对手不应是传统马戏团，而可能是芭蕾舞、戏剧、歌剧甚至是电影。

当从这个本质出发时，太阳马戏团就不会再去做如创造更多的小丑搞笑片段、保留尽可能多的动物和驯兽师、提升杂技的难度等。这样做打破了传统马戏的篱墙，通过对剧场表演的借鉴，添加故事性的表演主线、更加有趣并且吸引人心的情节、富于艺术性的歌舞表演，增设其他多元化的艺术成分，惟妙惟肖地讲出了一个似有若无的马戏故事。太阳马戏团还从百老汇的表演中获得灵感，将音乐、视觉效果、灯光和表演熔于一炉，创造出了全新、精致的表演形式。

比如，经典节目《神秘人》就从一个无名无姓的孤独旅客的角度带领人们去体验一个纷繁、奇妙甚至令人惊心动魄的杂技世界。

太阳马戏团的创新不仅让老顾客耳目一新，同时还扩大了目标群体，改变了大家对于马戏团的认知，取得最后的成功。

事实上，每一个领域都有其本质，比如 HR 部门的本质是让组织的人力资源更有秩序，帮助业务增值。

四、创新方法 2：重新定义——脱口秀语言背后的底层逻辑

1. 脱口秀语言为什么好笑

近几年，脱口秀节目热度居高不下，比如"脱口秀大会"还有一句口号（Slogan）："用笑点暴击痛点，用幽默跟生活和解。"

第六章 锦囊 6：创新的秘密

脱口秀之所以能牢牢抓住了新生代（Z 世代）的芳心和喜爱，不仅因为脱口秀语言带来的笑声能有效缓解压力，还因为其幽默的语言帮助他们对生活问题形成新的认识。

脱口秀的语言为什么好笑？先看下面这段话：

"经常有人把甲方叫成'爸爸'，这不对啊，怎么能把甲方当'爸爸'呢？我们对爸爸的态度，大家心里都有数。"

"好了好了，别说了，你又不懂。你把钱打过来就是了。"

"那应该把甲方当什么呢？应该当'孙子'。"

"明知道对方什么都不懂，提无理要求，你还得特别有耐心。而且'孙子'提的要求都和甲方一模一样就是虚无，虚无上面还透露出一点俏皮和天真……你得像哄'孙子'的方法一样哄甲方开心。"

你看，当人们都习惯把甲方当成"爸爸"时，上面这段话就故意颠覆大家正常的认知逻辑，把甲方当"孙子"对待，让听众觉得好玩、有趣！

再来看一段话：

"上课玩手机的确会导致成绩下滑啊，这点我深有体会。最近一个学期由于总是玩手机，都没怎么给他们教课。"

前半句"上课玩手机的确会导致成绩下滑"，引导听众按照绝大多数人的思维定式是"学生上课玩手机"的情况来听。到了后半句，突然来了一个"教课"，颠覆大家的认知逻辑，原来说的是"老师"呀，两个句子形成强烈反差，顿时让人们捧腹大笑！

2. 重新定义：创新的第二条有效法则

《框架思维》这本书里边提到一个概念叫"反事实思维"，即鼓励人们的大脑里不要被眼见为实的所谓"事实"，以及习惯性的因果关系所禁锢，而是可以跳出固有框框，用更加开放的心态看待世界，这样可能得出的结果就会不一样。

从某种意义上讲，"反事实思维"其实就是重新定义的另一种表述方法。

《郭林宗别传》里有这么一个故事，郭林宗与子许、文生一起去逛集市，文生见什么就买什么，子许则是什么也不买。有人就问郭林宗："子许和文生两个人，哪个更贤德呀？"郭林宗回答得很妙，说："子许少欲，文生多情。"

你看，郭林宗就没有拘泥于"喜欢买东西"和"不喜欢买东西"，而是分开来定义：不买东西的人，不是抠门，而是欲望少；买东西的人，不是欲望多，而是多情啊。

相同的事情，可以有不同的定义。下面，我们再看一个商业领域里的案例。

——案　　例——

茑屋书店（TSUTAYA BOOKS）是一个日本连锁书店品牌，1983年由增田宗昭创立，其定位为"生活方式提案型书店"，除了售卖书籍、文创产品，还有咖啡馆、酒吧、艺术展览，甚至还有衣服、电器等杂货销售。其书店名称来由有二，一种说法是增田宗昭的祖父曾经营店铺名为"茑尾"；还有一种说法为，"茑尾"与江户时代知名出版人茑屋重三郎同名，有向其致敬之意。

比起"书店"，增田宗昭更喜欢称呼它为"品牌商店"。他认为，茑屋所做的工作应当是通过产品及推销来向消费者提供新的生活方式，但与传统商店不同的是，他们所做的主要是"提供图景概念而不是产品"。

茑屋书店以"书"为核心，搭配"影音＋咖啡＋餐饮＋文创"等，从细节入手为读者提供高品质、专业化、差异化服务，颠覆了传统书店单一卖书的经营理念。

增田宗昭这样描述茑屋的目标："书籍难道不是对生活方式进行描绘的媒介吗？我是指，将多种多样的生活方式汇集到一个地方，让消费者基于自己的品位去挑选。"

如今茑屋书店在日本已经拥有超过1 800多家，东京的门店每月的营业额有上亿日元。茑屋书店从20世纪80年代就开始践行新零售、会员制经营、复合式商业、体验式消费等，已成为全球从业者的学习和借鉴对象。

茑屋书店重新定义了"书店"，是在提供高品位生活的解决方案。重新定义是一门艺术，是从全新的视野和角度重新表述观点，获得全新的见解！

在移动互联网时代，这样重新定义的例子比比皆是：

微信颠覆了电信运营商；电商颠覆了传统零售业；迪士尼说，"我不是拍动画片的，而是在实现梦想"；劳力士说，"我卖的不是表，而是奢侈的感觉和自信"；希尔顿说，"我卖的不是酒店客房，而是舒适与安心"；星巴克说，"我卖的不是咖啡，而是休闲"；卖窗帘说，"我卖的不是窗帘，而在调节室内的光线"！

在广告界里，重新定义是被用得最拿手的一种广告创新方式。

五、创新方法3：组合创新——东方甄选的启示

1. 东方甄选为什么"火"

要说2022年直播带货里，新东方旗下的直播带货平台东方甄选应该是最火的一个。据报道，2021年12月28日东方甄选在抖音平台首播，直播带货一周年时，东方甄选账号从1个增加到6个，销售产品覆盖农产品、食品、图书、生活用品等。粉丝总量突破3 600万，已推出52款自营产品，总销量达1 825万单。

东方甄选的"爆火"，是一场意料之外的惊喜。2021年7月"双减"政策落地，各大教培机构开始寻求转型，新东方管理层提出直播带货转型方案。新东方董事长俞敏洪回忆："当时跟公司说，给我5年，每年亏损1个亿，看看能不能把东方甄选做起来，曾经受到新东方董事会很多人的反对，但没想到半年就成功了。"

一样的吆喝，一样的卖货，东方甄选为什么如此与众不同，为什么可以取得如此成功？背后的逻辑是什么？在这里，我们可以从创新的视角来分析东方甄选是如何区别于其他直播平台的。

东方甄选在直播带货这个类目的创新点，是双语知识＋带货。

（1）先说主播的双语知识，靠着类似像董宇辉这样有着经历新东方多年千锤百炼磨课而拥有实力的主播们，可以做到一边举着一口方锅，一边用流利的双语带货，出口成章，将知识点、情感沟通和销售带货有机地结合起来。而这些恰恰是其

他主播做不到的，是一种"稀缺"的资源。

（2）东方甄选的直播带货模式也与其他只会用打折吆喝的直播带货模式有所区别，它不是以最低价的方式来售卖，不打压供应链的利润空间，而是让大家接受一个正常的价格，让每个环节的人都有正常的利润，有余力、有空间把自己环节的事情真正做好，优化好。东方甄选的选品定位精准，以农产品为主打产品，立足乡村振兴来打开局面，除保证产品的品质外，还能得到消费者的情感认同。还记得我们在第五章第二节讲的内容吗？商品价值＝功能价值＋情感价值＋资产价值。东方甄选增长背后的底层逻辑就是充分运用了组合创新的方法将自身优势和产品优势有机组合。

什么是组合创新？组合创新是指利用创新思维将已知的若干事物合并成一个新的事物，使其在性能和服务功能等方面发生变化，以产生新的价值。

一位学者曾说过："组织得好的石头能成为建筑，组织得好的词汇能成为漂亮的文章，组织得好的想象和激情能成为优美的诗篇……"

组合创新，是创新的第三条有效法则，是应用范围十分广泛的创新方法，据统计，在产品创新成果中有三分之二以上是通过该方法得到的。

2. 组合创新的方法

下面介绍创新领域里常用的几种组合创新方法。

（1）奥斯本检核表法：

它又叫奥斯本检核目录法，由创新技法和创新过程之父亚历克斯·奥斯本在其著作《创造性想象》中提出。

奥斯本检核表法是根据需要研究的对象之特点列出有关问题，形成检核表。然后在创造过程中对照九组问题进行思考，以便启迪思路、开拓思维想象空间，促进人们产生新设想、新方案。

表 6-1 是奥斯本检核表法九组问题的解释以及案例，供管理者们参考。

表 6-1　奥斯本检核表含义及案例

奥斯本检核表		
检核项目	含　义	案　例
能否他用	现有的事物有无其他的用途、改进后能否扩大用途	从吹风机到被褥烘干机
能否借用	能否借用其他经验？能否从别处得到启发？能否模仿别的东西	从方便面到螺蛳粉
能否改变	现有事物能否做些改变？如：颜色、味道、包装、形状、品种、意义等	从有线电熨斗到无线电熨斗
能否扩大	能否扩大适用范围、增加功能、添加部件、延长寿命、增加长度、提高强度等	从 iPod 到 iPhone
能否缩短	长度能否缩短、拆分，重量能否减轻或省略某些部分（简单化）	从大型主机到个人计算机
能否替代	材料、元件能否代替，方法、符号、声音等能否被代替	纸杯替代杯子
能否调整	排列顺序、位置、时间、速度等可否调整	ATM 机从取钱取卡到取卡取钱
能否颠倒	能否从里外、上下、左右、前后等相反的角度颠倒过来思考	透明杯到不透明杯
能否组合	能否对材料、部件、功能、目的等进行组合	带橡皮的铅笔

（2）和田十二法：

和田十二法是我国学者许立言、张福奎在奥斯本检核表的基础上，借用其基本原理，加以创新而提出的一种思维方法。

这十二法主要是：

① 加一加：加高、加厚、加多、组合等。

② 减一减：减轻、减少、省略等。

③ 扩一扩：放大、扩大、提高功效等。

④ 变一变：变形状、颜色、气味、音响、次序等。

⑤ 改一改：改缺点、改不便、不足之处。

⑥ 缩一缩：压缩、缩小、微型化。

⑦ 联一联：原因和结果有何联系，把某些东西联系起来。

⑧ 学一学：模仿形状、结构、方法，学习先进。

⑨代一代：用别的材料代替，用别的方法代替。

⑩搬一搬：移作他用。

⑪反一反：能否颠倒一下。

⑫定一定：定个界限、标准，能提高工作效率。

管理者在日常工作中，可以按照这十二个"一"的顺序进行核对和思考，并从中得到启发，引发自己的创造性设想。

（3）二元坐标法、主体附加法、多元组合法等：

①二元坐标法就是在平面坐标轴上标上不同的事物（可以是材料、结构、功能、方法等），由横轴与纵轴交叉确定的点就是两个事物的组合点，就可以得到已列事物所有的两两组合。然后对每一组合点进行充分想象、分析、判断，从中找到有创意的新组合。

	场景	健康
普通帆布	户外用品彩色帆布	军队医用帐篷
手戴设备	儿童智能手表	体检手环

图 6-1　二元坐标法案例

二元坐标法是一种比较直观、便捷、有效的组合创新方法。图 6-1 是一个二元坐标法的案例。

②主体附加法，其实是二元坐标法的一种简化，是在一个主体上附加另一个物体，使主体具有多种功能。

举个例子，以铅笔为主体，加上橡皮，就变成了带橡皮的铅笔；加上电子表，就变化了带时间的铅笔。

③多元组合法，其实是二元坐标法的升级，是从多个维度思考，激发创意产生的有效工具。

《精进：如何成为一个很厉害的人》的作者采铜在其书中就有运用多元组合法来研制一款新奇饼干的案例。

为了研制一款新奇饼干，作者把市面上的饼干进行分类（运用 MECE 原则的分类方法），一共定义出以下七种维度：口味、结构、脆度、造型、颜色、交互动作、附加概念。然后用矩阵方法来罗列每一种维度的常见可能性，得出图 6-2 的创意表格。

	口味	结构	脆度	造型	颜色	交互动作	附加概念
1	巧克力	单层-厚	香脆	圆	纯黑	可掰开	减肥
2	牛奶	单层-薄	香脆	方	纯白	可扭转	糖尿病
3	蛋奶	夹心-厚	松软	细棒	黑白	可弯折	养胃
4	草莓	夹心-薄	绵软	粗棒	单色彩	易持握	美容
5	抹茶	外涂-厚	韧性-强	拟动物	双色彩	可拼接	高营养
6	芒果	外涂-薄	韧性-中	拟车	三色彩	可穿孔	快补体能
7	榴莲	双夹心	入口即化	拟卡通	四色以上	易弹射	爱意传达
8	甜橙	双外涂	硬度-高	拟水果	多彩混合	可拉伸	孝心传达
9	核桃	夹心外涂	硬度-中	三棱锥	颜色可变	可挤压	萌宠
10	杏仁	三层复合	Q弹	五角星	透明	可膨胀	搞怪
11	番茄	碎末镶嵌	……	心形	……	吹气可响	科幻
12	烧烤	包子馅式	……	可变性	……	……	游戏
13	芝麻	平面拼凑	……	多型混合	……	……	纪念
14	海苔	双螺旋式	……	……	碎屑式	……	幸运
15	……	……	……	……	……	……	……

图 6-2 如何研制一款新奇的饼干

此时，就可以得出很多种的组合创意，如果再结合一开始的需求分析，就知道接下来要研制什么品类的饼干了。

3. TRIZ 理论：发明问题解决理论

对创新略有了解的人一定会知道 TRIZ 理论。TRIZ 是"发明问题解决理论"俄文单词的首字母缩写，其英文全称是 Theory of the Solution of Inventive Problems，缩写为 TSIP。

TRIZ 理论的创始人是苏联发明专家阿奇舒勒，他通过对 250 万件世界发明专利的内容进行分析后提炼出"40 个发明原理"。目前，TRIZ 理论体系已经成为一个创新的平台，被广泛应用于各个领域，感兴趣的管理者们可自行参考相应的书籍进行阅读。

当管理者们多掌握一些组合创新的方法与工具时，其思维的宽度和广度就会不一样！

六、创新方法 4：美第奇效应——来自跨领域及学科的灵感

1. 什么是美第奇效应

美第奇效应是《美第奇效应：创新灵感与交叉思维》中提出的观点，作者弗朗斯·约翰松。他把人们在交叉点上爆发出来的非凡创新思维，称之为"美第奇效应"（Medici Effect）。

美第奇效应与 15 世纪在意大利文艺复兴的一段创造活动有关。略懂世界历史的读者都会知道美第奇家族是意大利佛罗伦萨的银行世家，曾与当地欧洲好几个国家皇室通婚，在当时欧洲政治、文化有着一定的影响力。美第奇家族曾出资帮助多个学科、多个领域里锐意创造的人，让他们齐聚佛罗伦萨。他们因为居住在这座城市里，彼此互相了解，彼此相互学习，从而打破了不同学科、不同文化的壁垒。

"美第奇效应"其实就是通过跨领域跨学科交叉综合获得的灵感而创新的方式，也是本书介绍的创新四个方法。

交叉综合，是指通过各种学科知识的交叉综合得到促进创新活动的展开和获得创新意识。目前，科技发展的趋势就是交叉与综合，沿用以往的学科知识、方法，但并非分别单一地去看一个现实的问题，而是将这些学科知识、方法综合起来，系统地来看待问题。

2. 交叉综合，有效运用

小时候，我们学过一篇关于古代的能工巧匠鲁班发明锯子的故事：鲁班在一次上山时，手被茅草划了个口子，发现原来茅草的边缘呈细齿状，受到启发而发明了锯子。其实这就是跨领域交叉综合获得灵感的典型故事。

这里，举三个例子：

第一个例子：尼龙搭扣

尼龙搭扣的发明者乔治是一位瑞士工程师。他平时很喜欢打猎，但有时打猎回

来会发现裤腿和衣物上粘一种草籽,即便是用刷子刷也很难刷掉,必须一个一个地摘下来才行。

有一次,他用放大镜仔细观察刚摘下来的草籽,发现这些小小的草籽上有许多小钩子,正是这些小钩子牢牢地钩在了他的衣裤上。

弄清了这个原因后,乔治想,可不可以用有许多类似这样小钩子的布来代替纽扣或拉链呢?经过多次试验和研究,他制造出了一条布满尼龙小钩的带子和一条布满密密麻麻尼龙小环的带子。两条带子相对一合,它们就牢牢地固定在一起,需要时把它们拉开即可,这就是今天的尼龙粘附带。如今,这种尼龙粘附带已经被广泛运用于服装、轻工、军工等诸多领域。

第二个例子:反光标记

在日常交通中,反光标记是很常见和非常重要的元素。反光标记的发明者为珀西·肖,有一次,他发现汽车前灯在猫眼中出现反射光线,从而让他注意到前方有猫,由此他受到启发,创造了第一个道路反射标记。

第三个例子:微波炉

20世纪40年代的一天,美国一位雷达工程师在做实验的过程中,发现装在口袋里的巧克力溶化了,面对这一奇怪的现象,他开始以为是自己体温所致,可后经检查发现,巧克力的溶化原来是雷达装置上的磁控管在起作用。他从中得到启发,原来微波可以用来加热食品或其他物质。

1947年,美国吉声公司开始着手研究这一课题,同年,世界上第一台以"雷达波炉"为商品名称的微波炉就此产生了。

3. 精心模仿,刻意求新

跨领域跨学科交叉综合获得创新方法的一种有效操作方式是模仿,尤其是刻意求新的模仿。

事实上,我们每一个人成长的路上,都在运用着模仿。文学创作,我们会模仿中外大家们的名著;书法绘画,我们会模仿名书名画;学习围棋,我们会模仿他人的定式。

当你模仿的手法越来越高级，以至于只用到对方的精神，甚至把这个精神用在一个完全不同的领域之中，这就是一个很高级的创新！

从模仿的内容来看，可以分为理念模仿、制度流程模仿以及技术性模仿。

从模仿的路径来看，可以分为三种。

第一种路径，其他行业。由于行业的差别，此时更多是理念模仿。

第二种路径，同行业。因为是同行业，所以可以模仿的内容就更加直接，可以是理念模仿、制度流程模仿以及技术性模仿。当然除了模仿他人已有的，还要自己刻意求新、求深，这才让模仿有真正实质的意义，要不然就只能是东施效颦、邯郸学步、生搬硬套、亦步亦趋！

第三种路径，向内寻找。这里的向内寻找，其实就是企业里局部、团队的成功经验和方法，把这些内部创新的东西真正变成组织的知识资产。

4. 类比思考，启发创新

类比思考法是由美国麻省理工学院教授威廉·戈登（W.J.Gordon）于1944年提出的一种利用外部事物启发思考、开发创造潜力的方法。戈登发现，当人们看到一件外部事物时，往往会得到启发思考的暗示，并且从中提炼出一些解决问题的设想的思考方法。

从某种意义上讲，类比思考法是"美第奇效应"的一种方法，也是通过来自跨领域及学科的相似性获得灵感。

比如，当遇上一个问题时，可以运用类比思考，提问自己："一名××会如何着手解决问题？"这里的××可以是一名：

- 医生；
- 律师；
- 工程师；
- IT开发员；

············

当然，你可随意添加自己熟悉的其他职业，这样就可以通过类比获得更为广阔的视野和角度，带给你不一样的启发。举例如下：

医生在提出诊疗方案之前，会先诊断疾病的根本原因；律师在陈述案件之前，会先思考一个论题的正反两面；工程师会深入探究问题的详细工作原理；艺术家会在真正创作之前绘制草图；主厨可能会在开始烹饪之前检查所有的配料是否已备齐。

我们这里的案例使用的是职业类比，事实上也可以是一个毫无关联的事物进行类比。

管理者每天要坚持经常对大脑进行简单的创新想法训练，让大脑养成"肌肉记忆"，只有这样，创新的灵感才会越来越多。

七、启发：学习泰国广告的创新方法

我特别喜欢泰国广告。

泰国广告凭借其独特的创意和独具匠心的风格，深受人们的喜欢。它之所以别具一格，风靡全球，其秘密就是把创新的四大法则用得炉火纯青、游刃有余。

（1）透过现象看本质。

广告的本质是一种信息传播的方式。在这个过程中，广告主是信息发出者，代理商是信息加工者，媒介是信息传播渠道，消费者是信息接收者和反馈者，而广告内容本身就是一个信息组合。

广告的最终目的是让消费者对品牌或产品产生好感，进而产生购买行为。为达到这个目的，泰国广告通过一个戏剧性的故事框架，充分调动各种抒情因素，加上拟人、夸张、联想等幽默有趣的表现形式，以真诚的情感和细致的故事情节打动观众，从而把广告想表达的信息有效、清晰地传递到消费者的心中。

——案　　例——

我印象最深的是泰国 TMB 银行的广告《TMB Panyee FC》，讲述了在泰国 Panyee 岛生活着一群热爱足球的少年，他们有一个梦想：组队参加足球比赛并成为冠军，但由于 Panyee 岛没有平整的土地，他们于是用废弃木板在水上搭建足球场地来练习。孩子们不畏困难热爱足球的精神，感动了一家公司，这家公司为孩子们捐建了一个崭新的水上足球场。在广告的结尾，伴随着"只要你认为自己可以改变命运，我们就相信你能"的旁白，TMB 银行的标志缓缓出现。

这则广告改编自一个真实的故事，广告中展现了梦想、坚持、陪伴等人性中动人的闪光点，通过这个如小电影般的广告，"帮助弱者"的理念也悄然浸入观众的内心。这个广告在社交网络上引发了大量的关注，成功帮助 TMB 银行树立了自己的品牌形象。

（2）擅长重新定义。

李奥贝纳曼谷公司首席创新官 Amares 在一次采访中曾说："人们通常习惯了'这个是什么''那个是什么'，而从未想过'这个可以成为什么'或者'这个不是什么'。当你不拘泥于固有思维，从多个角度看问题时，新想法自然而然就会产生。"

——案　　例——

李奥贝纳曼谷公司为乐购超市制作的广告片《水牛的信》（*A Letter From a Buffalo*）就是用的这个方法。故事讲述乡下的父亲想念城里的儿子，想给儿子写信，这本是一个普通的话题，但广告利用家里的水牛的口吻写信，表达思念，既增添了幽默元素，又表现出乡下父亲不善表达爱的特点，观众看完后特别感人！

（3）组合创新。

泰国广告里的组合要素多以"小人物"和人们生活中随处可见的场景为主，这种组合将生硬的广告自然地拉进平凡的生活，容易引起广大受众的共鸣，使得观众

第六章　锦囊6：创新的秘密

对广告内容更容易产生一种亲近感。

——案　例——

一家餐厅的母亲节广告，广告内容是一家餐厅的员工在母亲节前夕填答问卷的录像。问卷里的问题有：

"你每个月工作几天？""目前你是不是和妈妈住在一起？""你和妈妈最后一次聊的事情是什么？""最后一次和妈妈一起大笑是什么时候？"

…………

几个问题看似普普通通，却刺痛了很多人的内心，有人在填到第三道题时就开始陷入沉思，有人泪流满面。

"我们知道你在母亲节当天必须要工作，很难过你不能在她身边，但我们真心希望你能花些时间陪伴她，哪怕请她吃一顿饭。"在视频的最后，出现了这家餐厅的名字。这则视频广告"服务员的母亲"在 YouTube 和 Facebook 上，发布24小时，观看量达140多万次，一个星期内达320万次。

（4）跨领域多种讲故事的方式。

泰国广告讲故事的手法多种多样，常常运用故事反转来提升剧情格调，借此增强广告的感染力。除此之外，还会运用一些小动物作为创意，提高广告的趣味性。

我印象最深的是泰国的 Shera 天花板广告《壁虎的爱情》，广告里讲述了一对壁虎情侣因为天花板的突然开裂，导致其中一只壁虎不幸坠落在正在下棋的父子边的棋盘上身亡，而另一只壁虎则选择了殉情，一起跳下。广告的最后，儿子指责父亲——为什么不买 Shera 天花板。

《壁虎的爱情》这则广告不到最后，简直猜不出它要推销的产品是什么。有时，广告貌似顾左右而言他，却总能直击观众心灵深处的"笑点""泪点"乃至"购买欲望"。

后　记

近三年，我完成两本书的创作。从时间分配角度来看，还是值得欣慰的。

第一本书于 2021 年出版后，常常会给管理者们作图书分享，虽常受喝彩，但自己讲着讲着觉得意犹未尽，觉得没能把管理者该如何交付结果的方法完全阐述，总感到有些遗憾。过程中与我的编辑巨凤女士沟通交流时，她总是鼓励我再接再厉，把自己的管理思想完整表达，这样让更多管理者们受惠，于是萌发第二本书的写作。

写作期间，我妈妈因为脑出血做开颅手术，在 ICU 整整待了一个星期，出院后 24 小时需要专人看护，其后又因其他原因住了三次院。我一方面需要照顾妈妈以及安顿好家里事情，另一方面还要应对日常工作以及写书，总感到时间不够用。特别是 2022 年 12 月底，一家人全部病倒，更加感觉时间不够用。

感谢妈妈的辛劳哺育。她一辈子吃了很多苦，没享受两天清福，临老还受病痛的折磨。虽然她已无法知道我正在做的事情，但我对妈妈的爱永远不会停歇。有时望着可怜无助的妈妈坐在轮椅上，我心里难免感叹：人生多少有情事，世间万般无奈人。

感谢我的爸爸、姐姐妹妹们一起帮忙照顾妈妈，没有他们，我都不知该如何分配自己的时间。

感谢我的妻子小丹，把家里和两位小朋友照顾好，让我不用操心孩子们的学习和生活。说实话，我真的不知道给孩子们报了几个兴趣班！汗颜！

感谢恩师程文文教授一如既往的教诲及支持，感谢厦门大学管理学院 EMBA 中心主任李常青教授的认可与推荐，让本书添色增彩。

最后再次感谢本书的策划及责任编辑巨凤女士，正是因为她的慧眼和鼓励，让本书得以顺利付梓印刷！

不忘初心，方得始终。我愿意在赋能管理者这条道路上继续前行！

2023 年 7 月 1 日于厦门